Collection "In Extenso"

Charles DERENNES

LE
BÉGUIN DES MUSES

Illustrations de
SAT.

LA RENAISSANCE DU LIVRE
78, Boulevard Saint-Michel — PARIS

LE BÉGUIN DES MUSES

Collection "In Extenso"

L'ouvrage illustré de **3 fr. 50** pour **0 fr. 50**

Franco par la poste : 65 centimes.

LISTE DES VOLUMES

1. La Discorde, par Abel Hermant.
2. Le Silence, par Edouard Rod.
3. L'Autre Femme, par J.-H. Rosny.
4. Élisabeth Couronneau, par Léon Hennique.
5. Les Cœurs Nouveaux, par Paul Adam.
6. L'Amour Meurtrier, par M. Serao.
7. Les Ames en peine, par Björnson.
8. La Fin des Bourgeois, par Camille Lemonnier.
9. Défroqué, par E. Daudet.
10. La Payse, par Ch. Le Goffic.
11. En Exil, par G. Rodenbach.
12. Les Revenants, par Ibsen.
13. La Puissance des Ténèbres; les Spirites, par Tolstoï.
14. Rivalité d'Amour, par Sienkiewicz.
15. La Mort, par C. Lemonnier.
16. L'Amour Masqué, inédit de Balzac.
17. Amis, par Ed. Haraucourt.
18. Le Cochon dans les Trèfles, par Mark Twain.
19. Dans les Orangers, par Blasco Ibanez.
20. Un Duo, par Conan Doyle.
21. Lucie Guérin, par J. Bertheroy.
22. Le Galérien, par Jonas Lie.
23. Une Teigne, par L. Descaves.
24. La Justice des Hommes, par Grazia Deledda.
25. Les Benoit, par Edmond Haraucourt.
26. La Ville Dangereuse, par Charles Henry Hirsch.
27. Le Plus Petit Conscrit de France, par Max et Alex Fischer.
28. Josette, par Paul Reboux.
29. Parenthèse Amoureuse, par Pierre Valdagne.
30. Deux Femmes, par Charles Foley.
31. L'Histoire d'un Ménage, par Michel Provins.
32. Le Journal d'un Mobilot, par Victor Margueritte.
33. A l'Aube, par Jean Reibrach.
34. La Disparition de Delora, p. Philippe Oppenheim.
35. L'Amour Perdu, par René Maizeroy.
36. L'Empreinte d'Amour, par Marcel Lheureux.
37. Stingares, par Hernung.
38. Le Relais Galant, par Henri Kistemaekers.
39. Un Amant de Cœur, par Paul Acker.
40. Une Séparation, par Georges de Peyrebrune.
41. L'Enfant Perdu, par Léon Frapié.
42. L'Amour aux Champs, par Gyp.
43. Trumaille et Pélisson, par Edmond Haraucourt.
44. Le Captain Cap, par Alphonse Allais.
45. Les Trois Rivales, par J.-H. Rosny.
46. Mon Amie, par Jacques des Gachons.
47. L'Amour défendu, par François de Nion.
48. Les Amants Maladroits, par Georges Beaume.
49. Le Tourment d'Aimer, par Jean Bertheroy.
50. La Jeune Fille Imprudente, par Louis de Robert.
51. La Petite Esclave, par Abel Hermant.
52. L'Illégitime, par Henry Kistemaekers.
53. Passionnette tragique, par Camille Pert.
54. Les Poires, par Gyp.
55. L'Arriviste amoureux, par Charles Foley.
56. Lili, par René Le Cœur.
57. La Classe, par Paul Acker.
58. Le Cricri, par Gyp.
59. Les Amants singuliers, par Henri de Régnier.
60. Les Tribulations d'un Boche à Paris, par Delphi Fabrice et Louis Marle.
61. Yette, Mannequin, par René Maizeroy.
62. Cœurs d'Amants, par Paul Lacour.
63. Sous les Ailes, par Michel Corday.
64. Le Printemps du Cœur, par Léon Séché.
65. Echalotte et ses Amants, par Jeanne Landre.
66. Bicard dit le Bouif, par G. de la Fouchardière.
67. Fées d'Amour et de Guerre, par Michel Provins.
68. Le Prince amoureux, par Louis de Robert.
69. La Force de l'Amour, par Jean Reibrach.
70. L'Age du Mufle, par Gyp.
71. Le Tumulte, par Georges d'Esparbès.
72. La Victoire de l'Or, par Charles Foley.
73. Le Gamin Tendre, par Binet-Valmer.
74. Sa Fleur, par Félicien Champsaur.
75. Polochon, par G. de Pawlowski.
76. Confidences de Femme, par Angie de Plaw.
77. Danseuse, par René Le Cœur.
78. Mars et Vénus, par Gaston Derys.
79. L'Amour Fessé, par Charles Derennes.
80. Marco, par G. de Peyrebrune.
81. Les Chéris, par Gyp.
82. Daniel, par Abel Hermant.
83. Amour Étrusque, par J.-H. Rosny aîné.
84. La Jolie Fille d'Arras, par Gabrielle Réval.
85. Mon Cousin Fred, par Willy.
86. Les Sœurs Rivales, par Paul Faure.
87. Mimi du Conservatoire, par Maurice Vaucaire.
88. La Grogne, par G. d'Esparbès.
89. Vieux Garçon, par R. Maizeroy.
90. Amour Vainqueur, par Camille Pert.
91. La Pagode d'Amour, par Myriam Harry.
92. L'Art de rompre, par Michel Provins.
93. Plaisirs d'Amour, par Jeanne Landre.
94. Amants ou Fiancés, par Charles Foley.
95. Notre Masque, par Michel Corday.

LA RENAISSANCE DU LIVRE

— *Téléphone* —
Fleurus 07-71

78, Boulevard Saint-Michel, PARIS

— *Téléphone* —
Fleurus 07-71

Charles Derennes

Le Béguin des Muses

ROMAN

Illustrations de Sat

PARIS
LA RENAISSANCE DU LIVRE
78, BOULEVARD ST-MICHEL, 78

CHARLES DERENNES

Charles Derennes est né le 4 août 1882, à Villeneuve-sur-Lot. C'est à ses origines méridionales qu'il dut d'avoir goûté précocement la littérature d'Oc; n'obtint-il pas, à quinze ans, la « violette de vermeil » aux Jeux Floraux ?

Bien que brillant élève, helléniste et latiniste remarquable au lycée Henri-IV, puis à Louis-le-Grand, il ne s'accoutumait que péniblement à une discipline intellectuelle ; son unique plaisir, entre une version grecque et un discours latin, était de composer un poème français.

En 1904, il publie son premier volume de vers *l'Enivrante Angoisse*. Les critiques remarquèrent immédiatement les dons du jeune poète et lui prédirent un brillant avenir.

En 1906, il donne un second volume de vers *la Tempête*, qui confirme les espérances mises en lui et qui est couronné par l'Académie française.

En 1906 enfin, M. Charles Derennes publie son premier roman, *l'Amour Fessé*, qui figure dans la collection « In Extenso », œuvre curieuse d'une rare distinction de forme. En 1907, sortent *la Vie et la Mort de Monsieur de Tournèves* et *le Peuple du Pôle* ; ce roman fantastique étonne et déroute ceux qui suivent la rapide et brillante carrière du jeune écrivain, et n'attendent de lui que des œuvres de grâce et de sentiment. « Charles Derennes, écrit à ce moment *la Revue de Paris*, n'a pas fini de déconcerter le public ; c'est un des esprits les plus actifs et les plus curieux de la jeune génération. »

En effet, l'auteur de *l'Amour Fessé* donne successivement *la Guenille* (1908), émouvante étude qui fait rêver et penser, *les Caprices de Nouche* (1909), *le Béguin des Muses* (1911), *le Miroir des Pécheresses* (1912), *les Enfants sages* (1913), romans « parisiens », spirituels et émus à la fois. Il collabore à *la Revue de Paris*, au *Mercure de France*, à *la Grande Revue*, à *la Renaissance latine*, au *Journal*, au *Gaulois*, au *Matin*, au *Figaro*, etc.

Le public s'amuse et réfléchit en face de ses œuvres d'une savoureuse variété : « Ce poète, note le regretté Paul Acker, ne veut pas seulement écrire en vers : il veut encore être poète en prose. Dans ses nouvelles et dans ses contes, il apporte la plus vive des fantaisies, avec une émotion, puis tout à coup une ironie, puis tout à coup une légèreté qui ont un attrait bien particulier. »

La Renaissance du Livre va bientôt publier, illustré avec un grand art par M. Maurice Leroy, un inédit de M. Charles Derennes *Leur tout petit cœur* ; c'est le livre que devront lire ceux qui voudront revivre la vie de Paris à la veille de la guerre. Le charmant talent de M. Charles Derennes est tout entier dans cette œuvre dont la légèreté est faite d'émotion contenue, dans ces dialogues où de l'esprit enveloppe toute peine comme d'un nimbe chatoyant.

Noémi Laugh, des Fantaisies-Françaises.

LA VOCATION

— Coucou, c'est moi !... Pas la peine d'arrêter le moteur. Je suis prête et je descends, mon gosse !

Rue Spontini, par un étincelant après-midi d'avril... Georges Cerdille vient à peine d'arrêter son auto que Noémi Langh, des Fantaisies-Françaises, apparaissant à une fenêtre de l'entresol, a laissé tomber ces mots, très vite, mais bien gentiment, bien câlinement : un murmure presque, avec un sourire autour et un baiser du bout des doigts au commencement et à la fin.

La voici ! Vêtue d'un long paletot gris, coiffée d'un béguin de paille à oreillettes de velours, enguirlandée d'une écharpe, elle passe en courant sous l'auvent vitré du seuil outrageusement modern-style.

— Bonjour, vous ! Embrassez votre Nono... un tout petit baiser... Tiens, vite ; je fais le guet, tu peux y aller, personne à l'horizon... rien qu'un beau larbin qui mène un amour de clebs faire son pipi.

Nono soulève ses jupes d'un mouvement de gamine qui s'exerce à sauter à la corde ; puis elle s'élance et se laisse tomber au fond du baquet libre. Là, elle se pelotonne ravie, et, quand l'auto démarre, on dirait, en vérité, que la souple machine est silencieuse et que c'est Nono qui « fait ronron ».

Elle est jolie, Nono, et plus aujourd'hui que jamais. Vingt-cinq ans, un air amusant de vierge sage qui sait devenir folle à propos, une minceur qui la fait paraître presque grande, une figure bien dessinée naturellement et très habilement arrangée : tout à l'heure quand elle s'est montrée à la fenêtre, son visage, même penché, n'a rien perdu de son charme ; son nez n'a pas barré la ligne de sa bouche ni confondu sa pointe fine avec celle de son menton ; ses yeux très noirs n'ont point paru tomber jusqu'au milieu de ses joues ; la frange de ses cheveux légèrement décolorés, qui glisse contre son front avec des reflets, comme de l'eau au-dessus d'un barrage, n'a pas masqué d'une ombre importune la courbe mutine de ses sourcils ; et, dans une telle attitude, c'est un privilège bien rare qu'on ne l'imagine, une grâce accordée seulement à celles qui, sans se révolter le moins du monde contre les caprices des modes, joignent à la chance de posséder un visage parfait celle plus rare encore de savoir mettre son harmonie en valeur.

A présent, on traverse le Bois. Les narines épanouies, toutes dents au soleil, les yeux pleins jusqu'au bord de lumière, Nono bavarde intarissablement ; elle bavarde avec une mine gourmande, comme si chacun des mots qui glissent entre ses lèvres lui semblait prendre une saveur de bonbon. Et son discours suit des chemins faciles, s'attarde par instant pour filer de plus belle, va, se précipite, vire, repart, bondissant, léger, pareil à l'allure de l'auto : pas un raté, et une merveilleuse facilité dans les reprises !

— Je suis contente, contente, contente !... Quelle belle idée tu as eue de te faire offrir par ton père cet instrument-là ! Cet hiver, te rappelles-tu ? nous ne savions presque jamais que faire, quand tu venais, comme à l'ordinaire, aussitôt après avoir déjeuné. Oh ! ne me reproche rien ! Si nous ne savions que faire, ce n'était pas ma faute : tu disais, méchant, que les baisers sont mauvais au moment de la digestion !... Mais, à présent, les promenades, et le printemps, quelle fête ! Regarde, mon Geo, nous sommes assis, presque allongés, dans ces baquets, l'un près de l'autre... si près l'un de l'autre !... comme dans un dodo qui se balancerait doucement... un dodo qu'on aurait installé sur une barque... Et j'ai envie de chanter : « Sur les grands flots bleus... » ou n'importe quoi !... Car c'est épatant comme ton auto est bonne fille : aujourd'hui, il me semble que sa musique peut accompagner toutes les chansons qu'il me plaît de chanter en moi... Hé ! là... Attention au vieux monsieur qui est planté au milieu de la route... Qu'est-ce qu'il nous veut ?... Pas la peine de nous regarder comme ça, gros polisson !... S'imagine-t-il qu'on va, nous deux, se donner en spectacle ?... Voici, monsieur, on est amants, mais, quand on roule à cinquante, on ne marche pas... Oh ! tu as vu ? Il a ri quand je lui ai tiré la langue ; il n'est pas méchant ! D'ailleurs, ce n'est pas possible qu'il y ait au monde quelqu'un de méchant aujourd'hui... Si, pourtant : à la porte de Suresnes, le gabelou, le vieux avec une barbe grise : il va encore me faire descendre, moi qui suis si bien installée, pour mesurer l'essence que tu emportes sous mon derrière... B'jour, Monsieur l'Octroi ; 26 litres, pas un demi-setier de moins... Oh ! regarde, lui aussi il a ri, il me croit sur parole, il veut bien ne pas me déranger... Tout le monde est mignon, même le vieux gabelou !... Et comme c'est joli, la Seine, ces collines, ce bleu pâle, et ce gris tendre... Toutes les couleurs ont l'air mouillées... Bigre ! tu montes la côte en quatrième ! Ça ronfle !... Tu ne me réponds pas ?... Ça n'y fait rien : tu es mon gosse et je t'aime... Je veux que nous allions loin, très loin... Mais, je t'en prie, brûle Versailles. C'est drôle, je raffolais de ce patelin, quand j'étais gosse... Ah ! les grandes eaux !... Et, maintenant, rien que ce nom de Versailles me fiche le spleen... Il me semble toujours entendre Jack-Antonio Pié, tu sais ? ton copain, le poète... *Versââdilles* ! Il n'a que ce mot à la bouche ; il s'en gargarise, il s'en rince les dents ; et il prend alors un air radieux, triomphal, comme on n'en voit qu'aux jeunes filles bien élevées lorsqu'elles disent une cochonnerie... Après tout, c'est peut-être à cause de cela qu'il plaît tellement aux vieilles dames ?... Versââailles, l'âme de Verssââailles... Eh ! va donc !... Quand je pense que ce coco-là m'avait proposé un rôle dans sa pièce, le Bassin de Neptune, cet acte en vers pour lequel le papa Pié offre la forte somme à quiconque parle de fonder un théâtre... Le Bassin de Neptune ?... Ah ! non : la bassinoire, mon vieux !

Ici, Georges Cerdille répond enfin à son amie autrement que par monosyllabes :

— Ne sois pas si rosse pour Jack, ma petite Nono : tu as bien couché avec lui !

Nono, depuis un moment, n'était plus la même : tandis qu'elle parlait métier et faisait de la critique dramatique à sa manière, elle affublait son tendre visage d'un masque dur, prétentieux, volontiers haineux, — de ce masque que trop d'actrices oublient de laisser au théâtre et qui, jusque dans la rue, dénonce leur profession. Mais le conseil de Georges semble la rendre instantanément à elle-même :

— C'est vrai, — dit-elle en souriant, avec un accent presque maternel de tendresse, c'est vrai, mon pauvre petit ; mais j'avais l'excuse de le connaître si peu... Et j'excuse tout de sa part, puisque c'est à lui que je dois de te connaître...

D'ailleurs, elle a si passionnément proclamé sa haine de Versailles et de ce que Versailles lui rappelle, qu'elle traverse la ville sans s'en apercevoir... Et, maintenant, le gentil babil a repris de plus belle, sur la petite route qui va de Saint-Cyr à Saint-Germain, parmi des horizons vastes, verts et lumineux qui donnent à ce coin de banlieue parisienne l'air de la plus normande des campagnes. On entre de nouveau sous les bois, et l'odeur éparse dans l'air des violettes s'exaspère au point d'inspirer à Nono l'envie de s'arrêter une minute pour cueillir un bouquet qu'elle gardera éternellement...

Georges acquiesce et Nono saute sur la route sablonneuse où le soleil fait pétiller en myriades de menues étincelles les paillettes de mica lustrées par la giboulée du matin.

— Viens vite, mon chéri, viens vite !

Mais, tout à coup, sa figure change : pour la première fois, elle vient de regarder véritablement Georges... Or, le gosse est resté sur son siège, comme s'il n'avait pas le courage de se lever, comme incapable de prendre part à la joie de son amie. Il est là, inerte, accoudé au volant, la tête entre les mains, dans une attitude infiniment désespérée ou lasse. Eperdue d'inquiétude, Nono bondit à son cou :

— Geo, mon tout petit... Ah ! mon Dieu, je suis idiote : tu es resté muet durant toute notre promenade et c'est maintenant seulement que je m'en aperçois... Il ne faut pas m'en vouloir, j'étais si heureuse !... Mais que se passe-t-il donc? Au fait, c'est vrai, je ne t'ai pas vu hier. Tu as du chagrin ? Tu es malade? Allons bon, il pleure !

En effet, Georges, que Nono presse contre son cœur, s'est mis à sangloter tout doucement. Quelle que soit sa hâte d'obtenir une explication, Nono un instant désemparée ne sait plus que penser ni que dire... Pour comble, voici des gens, — une noce sans doute, — qui s'avancent en chantant, bras dessus, bras dessous, là-bas. On ne peut rester ainsi sur leur passage, pour le plaisir de subir de rustiques plaisanteries ! Fort à propos, Nono se souvient d'une auberge toute proche où, justement, Georges et elle se sont réfugiés quelques jours plutôt, durant une averse... Et la patronne, une grosse vieille, après les avoir examinés, avait absolument tenu à les faire monter dans une chambre où il y avait du feu, — pour leur permettre de se réchauffer. Elle a eu, même, une fin charmante, cette aventure-là.

— Georges, en voilà assez ; ce n'est pas gentil, ce n'est pas raisonnable... Calme-toi : voici du monde... Allons au moins jusqu'au bas de la côte, jusqu'à l'endroit où il y a *croisement dangereux*, tu sais? Nous entrerons chez la bonne femme, et tu me raconteras tout ; je l'exige.

Elle parle avec l'autorité d'une jeune maman prête à corriger son bambin capricieux. Dompté, Georges descend, remet la machine en marche ; et, cela fait, il se laisse tamponner les yeux, sans paraître trouver à cela rien de comique, avec un mouchoir de dentelle que Nono a tiré de son petit sac.

***

C'est une auberge très modeste, au seuil recouvert d'une étroite tonnelle qui, les bourgeons pointant à peine, ressemble encore au fond d'un panier hors d'usage. Au bruit de l'auto, la patronne s'avance, obséquieuse, frétillante, comblant de son obésité le cadre de la porte. Elle reconnaît les jeunes gens et exprime son contentement de voir que Monsieur et Madame se sont trouvés bien chez elle, puisqu'ils y reviennent. Elle croit même devoir les avertir qu'ils ne sont pas les seuls de leur espèce... Ensuite, ayant remarqué les yeux rougis de Georges :

— Oh ! oh ! c'est l'orage, comme l'autre fois, qui vous amène ici ; seulement, c'est un orage d'un autre genre... Baste ! pluie au printemps et pleurs à vingt ans, tout ça, comme on dit, c'est de l'eau qui sèche vite, je vais allumer du feu là-haut.

Et elle disparaît.

— Elle est familière, dit Nono. Tu vois, mauvais sujet, les réflexions que tu nous attires?

Georges balbutie lamentablement :

— Il ne faut pas m'en vouloir...

Dans la chambre, après qu'il s'est débarrassé de sa casquette et de son long paletot de chauffeur, il apparaît en redingote, col haut, souliers vernis, guêtres noires... Et Nono, qui n'avait observé tout d'abord, un peu anxieuse, que la fine figure attristée de son ami, — ces lèvres minces et rasées qui essayaient en vain de sourire, ces joues presque trop délicates que les pleurs avaient marbrées au-dessous des paupières, — Nono ne peut s'empêcher d'exprimer son étonnement devant cette cérémonieuse tenue :

— Non? mais tu la perds, mon chéri?... C'est comme pour conduire un enterrement que tu t'es habillé, aujourd'hui, pour conduire une automobile?

— Ah! oui, — fait Georges après avoir jeté un rapide coup d'œil sur lui-même. — C'est vrai! Je n'ai pas eu le temps, pour la première fois de ma vie !... Et je me suis mis comme ça, afin de n'avoir qu'un chapeau à prendre en passant chez moi... Une visite à faire à Mme de Jaserin et à sa fille... C'est papa qui veut ça. Je t'assure que c'est rigolo !

Nono croit comprendre :

— Tu te maries, — s'écrie-t-elle radieuse, — après un soupir de soulagement ; — et c'est pour ça que tu m'as fait une de ces peurs?

— Il s'agit bien de me marier ! Voyons : je n'ai pas encore vingt-trois ans, et papa n'est pas à ce point loufoque, tout de même.

— Alors?

— Alors, depuis deux jours, il y a un drame chez moi, un drame de famille dont je suis la victime, bien entendu. Tu vois ça d'ici !

— Je ne vois rien du tout. Parle !... Tu es agaçant à la longue...

C'est un drame en effet, tout un drame dont Georges se décide enfin à révéler le scénario à son amie :

— J'étais encore avec toi, avant-hier, quand l'affaire a commencé... Tu te rappelles? Nous goûtions paisiblement, à Poissy, au bord de l'eau. Ah ! j'étais loin de m'attendre à ce qui se préparait ! Mais il m'est facile d'imaginer cette première scène : papa revient de son cercle avec sa figure des mauvais jours, les cheveux et la moustache au vent, les mains rageusement enfoncées dans ses poches, les bottines bruyantes, le verbe haut : une allure qui lui va comme la rage à un bon chien, à lui qui sait si bien, quand il veut, être si gentil et si jeune !... Donc, il arrive, fait claquer les portes, entre dans le petit salon où ma mère se tient toute la journée, rideaux tirés et lampes allumées, même quand il fait grand jour et gai soleil... Oui, une façon à elle de soigner sa neurasthénie et ses migraines !... Mais papa, chaque fois qu'il est furieux, qu'il s'agisse du nouveau ministère, d'un domestique ou de moi, juge indispensable d'essayer d'abord son éloquence auprès d'elle... Et ça l'intéresse,

tu parles ! Elle qui se fiche de tout et même peut-être de son fils ! Pour l'instant c'était de moi qu'il s'agissait : « J'en ai assez ! Un sale gamin qui ne veut pas travailler, un propre à rien, un ours, une marmotte, une moule !... » C'est juste pour entendre du vestibule cette énumération zoologique que je suis rentré... Tu penses si j'ai filé dans ma chambre et fait dire que j'étais fatigué, que je ne dînerais pas ! J'espérais que papa aurait oublié sa fureur et le reste une heure plus tard, comme à l'ordinaire... Ah ! tu parles !... La dernière bouchée avalée, il s'amène chez moi... sans frapper, en outre. « Qu'est-ce que tu as? La flême, pour changer?... Eh bien, mon garçon, je suis décidé à user désormais avec toi d'une médication énergique... » Et toutes les scies de circonstance : « Un homme qui ne travaille pas, si riche qu'il soit, est le dernier des derniers... Je n'ai qu'un fils ; j'avais espéré qu'il me ferait honneur... » Enfin, un vieux dada... Mais il ne l'avait jamais chevauché avec tant de fougue...

— Qu'est-ce donc qui l'excitait?

— Le hasard, une récente partie de bridge avec le vieux Bodelin et le père Malassy... Celui-ci racontait que son fils, — lequel est à peine plus âgé que moi et beaucoup plus riche — se lève chaque jour à cinq heures, déjeune sur un coin de son bureau, ne prend jamais de vacances et gagne tout près de cent mille balles par an... Ça ne te fait pas monter l'eau à la bouche une existence comme ça?

— En tout cas, si M. Cerdille a eu le culot d'envier à Malassy un fils de ce calibre, il a tout de même dû s'estimer heureux en se comparant au vieux Bodelin : on ne te ramène pas, comme Eustache Bodelin, ivre mort chez toi sept fois par semaine !

— C'est bien ce que j'ai fait observer à papa... Non ! tu ne t'imaginerais pas ce qu'il m'a sorti : « Et après? Eustache Bodelin, lui, du moins, fait la noce. Toi tu ne fais rien du tout, tu me dégoûtes !... » Ce qu'il est de mauvaise foi, papa, quand il veut !... Enfin, voilà : il paraît que, lorsqu'on est riche, il n'y a qu'une excuse à ne pas le devenir davantage : jeter par les fenêtres l'argent que l'on a... J'avais bien envie de dire à papa qu'il n'a jamais fait de folie ; qu'il est assez bien pour que les femmes, — c'est son vice ! — l'aiment encore à peu près pour lui-même ; que d'autre part ses aciéries marchent toutes seules ; mais j'ai pensé qu'il serait assez modeste et assez orgueilleux pour ne me croire ni en cela ni en ceci... Bref, son discours s'est terminé par un ultimatum : j'avais douze heures pour choisir une carrière ; si je ne prenais pas une décision, on allait m'expédier la semaine suivante dans une usine de New-York et l'on m'y emploierait aussitôt à ranger des lames de ressort par paquet de dix : une tâche qui serait à la hauteur de mon intelligence... Mon Dieu, si encore il n'y avait eu que la perspective de filer à NewYork !...

— Merci pour moi !

— ...Seulement papa m'a juré, en outre, que son carnet de chèques me serait fermé jusqu'à ce que j'eusse fait preuve de bonne volonté... Or, c'était hier que je devais toucher mon mois... Ce n'est pas que je tienne à avoir les poches bourrées d'argent, tu le sais bien, mais, comme j'ai ai toujours eu autant que j'en ai voulu, cela m'a paru terrible. Et j'ai passé une affreuse nuit blanche. Car, enfin, de quoi étais-je capable ? Qu'est-ce que je savais faire ?... Conduire une auto, et encore à condition qu'il n'y eût pas de pannes... Tout de même, au petit jour, une idée m'est venue...

— Pas possible ?

— Si. Je me suis rappelé que j'aime à lire ce qui paraît de neuf, que je visite volontiers des expositions, que j'assiste avec plaisir aux premières, que j'ai beaucoup d'amis qui s'occupent de littérature ou d'art et qu'il me plaît assez de ne pas être considéré par eux comme un profane. Et je me suis dit que, moi aussi, je pouvais être poète ou prosateur... Au fond, j'étais surtout ravi de jouer à papa une bonne farce. Quelle tête il ferait quand je lui annoncerais ça !... Car, enfin, lorsqu'un jeune homme doit avouer à son auteur qu'il est tenaillé par une impérieuse vocation littéraire ou artistique, l'usage veut qu'il soit sérieusement savonné, sinon maudit et jeté sur la paille...

— Ça se passe comme ça au théâtre...

— Et dans les romans. Or, sais-tu ce qu'il m'a répondu, le paternel ? Je le vois encore, quand je suis allé lui servir mon boniment après lui avoir fait solennellement demander audience !... Il a réfléchi une minute, — un siècle... Puis il m'a dit, le plus tranquillement du monde : « Ce n'est pas un mauvais métier ; je vais m'occuper de lancer ton affaire... L'essentiel, je crois, c'est qu'on parle dès à présent de ton talent, en le faisant mousser pour le mieux... Tu n'as rien de prêt ? Oh ! ça n'a pas d'importance... Ecris des livres, prose ou vers, je m'en fiche... Tu peux même demander à quelqu'un de t'aider, pour la première fois... Je ne regarderai pas au prix. D'ailleurs, je vais téléphoner à ton ami Torterel, qui est de la partie, de venir déjeuner... Je causerai avec lui ; c'est un malin il me donnera des tuyaux utiles... Tu peux te retirer ! » Alors, comme j'étais brisé de fatigue, je suis allé me remettre au lit.

— Parbleu !... Et Torterel, qu'est-ce qu'il a dit de cette histoire ?

— J'en suis resté bleu tout d'abord, Nono ; il a trouvé ça très raisonnable, tout naturel même.

— Vrai ? demande Nono très intéressée, presque intriguée soudain.

— Vrai. Et d'ailleurs, moi-même, à la réflexion, je me suis dit que je n'étais pas plus bête qu'un autre, que je pouvais, après tout, réussir... Même, j'ai eu quelques minutes d'agréable orgueil hier au soir, à la pensée que j'étais peut-être sur le point de devenir quelqu'un de connu, de considérable...

M. Cerdille interroge son fils.

— Alors, pourquoi fais-tu cette tête, sale gosse ?

— Ma pauvre Nono, mais c'est que, maintenant, les embêtements du métier commencent. Papa n'a pas voulu que je perde une minute ! Il entend profiter de mes bonnes dispositions... Ce qu'il est emballé !... Ma parole, il me voit déjà sous la Coupole... Aussi, quand Torterel lui a proposé de me produire chez Mme de Jascrin, — un salon littéraire de la plus haute importance, — ah ! ça n'a pas traîné, comme tu vois... Et demain, et tous les jours, les corvées recommenceront chez d'autres Jascrines... Ça me promet du bonheur... Vois-tu, ma chérie, je ne suis pas plus fait pour cette carrière-là que pour les autres ; je m'en rends bien compte, à présent !... Qu'est-ce que je demande, moi, sinon qu'on me fiche la paix ?... Je le sais

**

bien, parbleu ! qu'on s'ennuie quand on n'a pas d'occupation... Mais est-ce que je me plains de m'ennuyer ? Non. Il n'y a que les imbéciles qui ne savent pas comme c'est bon de s'ennuyer de temps en temps... Tiens, tu te rappelles, Nono, une fois, dans les premiers temps qu'on s'aimait, tu t'es vexée parce que je t'avais dit qu'il m'arrivait de m'ennuyer aussi avec toi ?... Mais, à présent, tu comprends bien que ce n'est pas un reproche de ma part... au contraire !... Quelle sale aventure que la mienne ! C'est à vous dégoûter de la vie !... Je voudrais être un vieux petit rentier qui n'a plus qu'à pêcher à la ligne, dans un coin de campagne.

— Un petit rentier qui possèderait tout de même une auto ?

— Oui... et le confortable.

— Eh ! bien, mon Geo, puisque tu aimes tellement ta tranquillité, le mieux, pour l'obtenir, c'est de te concilier les bonnes grâces de ton père.

— Evidemment. Mais on tourne dans un cercle vicieux, si l'on ne peut être tranquille qu'en se donnant tant de mal.

— Zut... En voilà assez. Le feu s'éteint et l'heure passe. Tu vas me faire le plaisir de regagner Paris, et par le plus court, encore ! Tu me laisseras chez Torterel en passant... Pourquoi ?... D'abord, j'ai deux mots à lui dire à propos de mon rôle dans sa pièce... Et je souhaite fort qu'il soit encore chez lui, ne serait-ce que pour le prier, moi aussi, de te mener au doigt et à l'œil. Toi, tu iras te préparer pour aller chez Mme de Jascrin ; et tu tâcheras de te montrer brillant dans le monde ; sinon, je me fâcherai tout rouge !... Non ! mais a-t-on jamais vu ?... Ton paletot, tiens ! et ta casquette... Appelle la bonne femme, et demande-lui ce qu'on lui doit...

Georges fouille machinalement dans sa poche, puis regarde Nono avec des yeux ahuris et navrés, des yeux où les larmes semblent de nouveau toutes prochaines.

— Mais c'est que... c'est que... je devais toucher mon mois hier. Et papa, tant que je n'aurai pas fait preuve de bonne volonté... Enfin, voilà : je n'ai pas un sou !...

Cette fois, il est si drôle avec son air d'enfant battu, sa redingote impeccable et sa casquette posée de travers sur ses cheveux en désordre, que Nono n'est même plus capable de simuler l'impatience ou la colère.

— Ce qu'il a bien dit ça, — s'exclame-t-elle en éclatant de rire ; — mon petit, c'est à payer sa place ! Si tu te voyais !... Allons, ne te désole pas... Tu as le bonheur de posséder un trésor de petite femme économe : il me reste deux louis sur les cinq cents francs d'argent de poche que tu m'as donnés il y a huit jours... Prends-les et ne pleure plus !... Oh ! mais, c'est que tu as très bien étouffé la monnaie dans ta profonde, avec un chic, une aisance, un tour de main !... Dis donc ? est-ce que c'est une habitude, pour toi, de recevoir de la galette de tes bonnes amies... Non ! voyons ne fais pas cette tête : je plaisante !

Elle va jusqu'à la porte, appelle l'hôtesse... Puis, prenant de nouveau son « tout petit » dans ses bras :

— Je plaisante, — reprend-elle, — mais c'est, ma foi ! bien dommage... oui, bien dommage que tu sois si riche. Quel gentil gigolo tu aurais été !

*
* *

L'appartement d'Alfred Torterel est tout près de l'Etoile, dans une rue silencieuse et courte, au rez-de-chaussée. Le vestibule aboutit à une grande pièce arrangée avec un goût un peu incohérent, mais incontestable : murs tendus de grosse toile rousse, divans bas couverts d'anciens tapis, vieux meubles, estampes ultra-modernes. Aucun livre : Torterel, après avoir noté sur un agenda les envois de ses confrères, les empile avec beaucoup de soin dans un débarras obscur. Au fond, entre les deux fenêtres, une table de travail ; à gauche, la porte de la salle à manger ; à droite, celle de la chambre. La comtesse Francesca Poporlo ayant visité les lieux, a affirmé qu'il n'y a pas plus garçonnière que cet appartement-là : et elle s'y connaît.

Soudain Nono apparaît, la porte de droite s'étant ouverte... (Tiens ! elle a donc trouvé Torterel chez lui, ainsi qu'elle le souhaitait !...) Elle apparaît, ébouriffée, ses épingles à chapeau dans la bouche, les yeux étincelants de dépit. Torterel sort de la chambre sur ses talons : c'est un joli garçon, aux yeux bleus, aux fines moustaches blondes, à la figure un peu poupine ; il est très correct, lui, et calme, et tout souriant.

— C'est malin, va ! — s'écrie Nono en se retournant brusquement vers lui. — D'abord tu étais très pressé toi-même. Et puis j'avais à te parler très sérieusement. Et enfin, ce n'était pas pour ça que j'étais venue aujourd'hui ici.

— Que veux-tu, le printemps propose, et, quand l'homme dispose, il aurait bien tort...

— Tu m'embêtes !

On tenterait en vain de le dissimuler plus longtemps ; cette Nono, qui choyait si délicieusement Georges Cerdille tout à l'heure, est aussi la maîtresse de Torterel. Qu'on ne s'indigne pas trop vite !... Nono n'en mérite pas moins de rester un personnage très sympathique. Tout d'abord, elle a connu et, comme on dit, aimé Torterel avant Georges. Cinq ans déjà ! A cette époque Torterel plaçait des chroniques à un louis dans des canards sans gloire, et Nono, — deuxième prix de tragédie, — venait d'entrer à l'Odéon-Ginisty avec des appointements sur lesquels il vaut mieux ne pas insister : ils se connaissaient, ils étaient camarades, ils ne se déplaisaient pas, ils partaient ensemble vers l'avenir... Il y avait des jours très difficiles pour lui comme pour elle... Un soir, — un soir de découragement et de tristesse peut-être, — ils se sont trouvés seuls, ils se sont avoué leurs espoirs, leurs inquiétudes ; ils ont parlé « tout nu », et...

...Et ce premier baiser, qui aurait pu inaugurer quelque lamentable collage, a été le prélude d'une sorte d'alliance, d'une camaraderie profonde, basée sur une confiance réciproque et sur les analogies de leurs destins.

Depuis, Torterel, s'il n'est pas riche, a du moins les moyens de le paraître quelquefois. Il a travaillé, il s'est débrouillé, il a, de l'avis commun, bien marché...

Quant à Nono, elle a marché, elle, tout simplement.

Oui, trois ou quatre liaisons, assez profitables et honorables ; tout ce qu'il faut pour tirer de l'ombre une gentille petite demoiselle de comédie... Mais quand Georges est arrivé dans sa vie, elle a bien compris qu'il ne serait pas « comme les autres » ; elle a tout de suite éprouvé une singulière tendresse pour ce gamin joli et timide, câlin et paresseux, qui semblait venir vers elle beaucoup moins pour dégrafer son corsage que pour se suspendre à ses jupes. Georges est un enfant gâté, qui gémit souvent et se montre volontiers capricieux ; Nono trouve une exquise saveur à le consoler et à le gronder ; elle se sent ennoblie, embellie et toute heureuse d'avoir à s'occuper de lui : ainsi certaines jeunes femmes charmantes se jugent avec raison plus charmantes encore avec leur bébé dans leurs bras... Son âme est si peu celle d'une maîtresse que certains succès amoureux

de Georges, quand ses bonnes petites amies les lui rapportaient, l'ont comblée d'une secrète fierté. Non, en vérité, la Nono de Georges n'a rien de commun avec la Nono de Torterel ; ni celui-ci ni celui-là ne sauraient être trahis par elle.

Enfin, il ne faut pas non plus prendre Torterel pour ce qu'il n'est pas. C'est un très aimable garçon, d'autant plus solidement honnête qu'il juge que, dans l'existence, il n'y a rien de plus habile que l'honnêteté. Ce n'est pas sa faute, à lui, s'il connaît Nono depuis très longtemps et si la conduite de cette très agréable camarade n'a jamais justifié la moindre modification dans leurs rapports. A vrai dire, en cessant d'être son amant, il s'estimerait parfaitement injuste avec elle. Et ce maintien du *statu quo* ne l'empêche en rien d'éprouver pour Georges une affection de frère aîné, parfois moqueuse, parfois grondeuse, mais très sincère et, qui plus est, désintéressée.

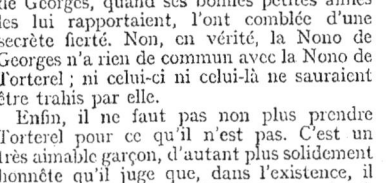

Une jeune femme est charmante avec un bébé dans ses bras.

— Tu m'embêtes !
— s'est donc écriée Nono en essayant d'arranger rapidement ses mèches folles. — J'avais à te parler de Geo...
Qu'est-ce que c'est que cette histoire à laquelle son père t'a mêlé ?

— Tu es au courant ? Tu ne l'as pas découragé, j'espère ?

— Au contraire. J'ai poussé à la roue... Mais, enfin, il était très malheureux, et si tu pouvais user de ton influence pour lui éviter ces embêtements.

— Ma petite, j'ai fait pour le mieux. Il a agi inconsidérément en choisissant cette carrière ; le vieux est irrémédiablement enthousiasmé d'avoir pour fils un futur illustre écrivain. Si maintenant Georges regimbait, il lui couperait les vivres, ce qui ne serait drôle ni pour lui, le pauvre gosse ! ni pour toi.

— Oh ! moi, je m'arrangerais...

— Non, On ne parvient pas si facilement à s'arranger... même en se dérangeant. Et puis moi-même, à vrai dire, je suis très content de faire plaisir au père Cerdille. Ça peut être utile ; on ne sait pas... Et enfin, on en aura soin, de ton Geo ! Mme de Jascrin va le recevoir avec effusion, puisque c'est moi qui le lui présente, et que je lui présente en même temps ce soir, Arthur de Berberolles, un candidat à l'Académie, un compatriote à moi... Elle est fichue, la bonne dame, de prendre Georges pour le postulant au fauteuil !... Bigre ! tout ce monde-là doit déjà m'attendre devant l'hôtel de la Jaserine !

— Au moins, ce ne sera pas trop pénible pour lui, ce métier-là ?

— Mais je lui éviterai des corvées, mais je lui mâcherai la besogne !... T'inquiète pas ! J'ai justement dans mes tiroirs pas mal de manuscrits dont je ne fais rien...

— Et puis, il a peut-être du talent ?

— Il en aura sûrement autant que moi, puisque je surveillerai son œuvre... En tout cas il a déjà ce qu'il faut pour faire valoir le talent. C'est un avantage, crois-moi !

— Mais alors M. Cerdille a toute raisons d'être dès à présent fier de lui ?

— Sans le moindre doute !

— Mon Dieu, dit Nono de nouveau ravie, Nono elle-même toute épanouie d'orgueil, — quel joli poète nous te devrons !... N'est-ce pas que tu seras pour lui comme un père ? C'était déjà mon gosse, il sera maintenant notre gosse... Ah ! il me semble que je t'en aime davantage encore, mon chéri !

II

CHEZ MADAME DE JASERIN

Les romanciers ont le privilège odieux de pénétrer, en entraînant leur public à leur suite, où il leur plaît, quand il leur plaît. Entrant chez Mme de Jaserin, surtout à cette heure de la journée, je préfère annoncer dès à présent que tout, ici, est burlesque, extravagant, cocasse, étrange ; ces mots reviendront maintes fois sous ma plume : qu'on m'en excuse !... Mais ce que surtout je souhaite, c'est que, de cette série de détails étranges, cocasses, extravagants, burlesques, le lecteur sente, ainsi que je le fais moi-même, se dégager à la longue je ne sais quoi d'attendrissant.

Il est étrange que, par ce bel après-midi de printemps, les rideaux de ce petit salon, — lequel, à coup sûr, n'est pourtant pas désert, — soient tirés devant les fenêtres. Mais un mince rayon de lumière se glisse par un interstice et porte jusqu'ici, avant d'y venir agoniser, les jolies colorations dorées et vertes dont il s'est imprégné en face, en vagabondant parmi les frondaisons nouvelles du Parc Monceau. Grâce à lui, nous apercevons un ameublement burlesque, d'un style montmartro-hindou très en faveur (si j'en crois des récits qu'on m'a faits) dans certaines maisons peu recommandables. Il est cocasse que, sur un grand divan qui occupe à lui seul un bon quart de la pièce, un homme et une femme se tiennent étroitement enlacés. Il est extravagant que de telles choses se passent chez Mme de Jaserin, personne fort honorablement connue et reçue dans le meilleur monde. Nous serions-nous trompés de maison ? Et puis, enfin, ils sont burlesques, ces amoureux qui, séparés par de simples cloisons d'une galerie où vont et viennent des domestiques, d'un autre salon où des rires féminins tintent joyeusement, éprouvent le besoin d'échanger à haute voix les appellations les plus tendres !

Mais, soudain, la dame a poussé un cri aigu, un cri cocasse de pintade ivre, un cri qui, à coup sûr, lui est très particulier... Et, — chose étrange, — cette sonorité qui partout ailleurs aurait comblé les cœurs d'étonnement et les lieux de fracas, semble avoir, ici, aussi peu d'écho que d'effet. On dirait, en vérité, que les tentures sont accoutumées aux manières de la dame tout autant que son compagnon, lequel, au lieu de sursauter, se contente de dénouer l'étreinte de ses bras pour rendre la liberté à sa tendre captive.

— Mon Dieu ! — clame celle-ci en s'agitant éperdument dans la demi-ténèbre, — mon Dieu ! il doit être tout près de cinq heures... Et moi qui attends des tas de monde ! Où avais-je la tête ?

— Sur mon cœur, — murmure l'amant.

Il n'aura point parlé ainsi pour une ingrate. La dame, s'étant heurtée à lui qui vient de quitter le divan à son tour, se laisse tomber dans ses bras et replace pour quelques secondes sa tête à l'endroit même où elle l'a perdue un peu plus tôt.

— Mon grand chéri !

— Ma petite aimée !...

Après quoi, celle-ci s'arrachant à un dernier baiser, se précipite vers les fenêtres et tire fébrilement les rideaux... Ah ! Seigneur, à présent que votre folle lumière des soirs printaniers, impertinente comme un jeune et jolie fille, éclaire en plein ce couple à peine visible jusque-là, il y aurait tout de même lieu de vous demander, à vous le grand impresario de la comédie éternelle, les motifs qui vous décidèrent à la faire représenter ici par de tels acteurs !...

Et encore le grand chéri porte assez avantageusement une cinquantaine bien comptée. Mais elle, — elle, la petite aimée !... Pourrait-elle répondre à cette appellation autrement que par une gifle, si ce n'était surtout devant leur glace que certaines femmes participent du légendaire aveuglement de l'Amour ?...

Et, d'abord, pourquoi « petite » ? Cette

épithète ne saurait s'appliquer à son âge qui est tout aussi avancé que celui de son amant. A sa taille? Mais celle-ci dépasse outrageusement la moyenne... Alors?

Ce qu'il y a, par ailleurs, de très curieux dans cette imposante stature, c'est qu'elle est due beaucoup moins à la longueur du tronc ou des jambes qu'à la hauteur de la troisième partie du corps. Il est à croire que la dame a estimé une fois pour toutes que cette particularité lui constituait un physique intéressant et peu banal ; aussi ne néglige-t-elle rien de ce qui peut faire paraître sa figure encore plus longue, sa tête encore plus haute ; elle surmonte d'une perruque flamboyante, rappelant, en plus vaste, les toupets des clowns, ses cheveux décolorés jusqu'au vert-de-gris ; même quand on la voit pour la première fois et sans coiffure d'aucune sorte, on parierait gros, tant son parti-pris de signaler sa précieuse originalité éclate, qu'elle doit arborer le soir des aigrettes qui menacent les lustres, dans la journée des chapeaux étroits et pareils, sous de gigantesques gerbes de plumes, à des bassins trop petits pour leurs jets d'eau. Il n'est pas jusqu'à sa voix qui ne la grandisse, une voix aiguë au point de sembler prendre naissance à la racine même des cheveux. Quant à la face, ou pour mieux dire à la façade de cette tête en gratte-ciel, elle offre un inexprimable mélange de comique falot, de bonté nigaude, d'étourderie tumultueuse, de malice gaffeuse et inoffensive. Au milieu se détachent deux gros yeux ronds et bombés qui vous donnent tout de suite l'impression de voir les choses à l'envers et même à l'inverse de ce qu'elles sont : on jurerait que le blanc doit leur paraître noir, une fourmi plus grosse qu'une vache. Et tout cela inspire à la fois la confiance et l'étonnement, provoque tout ensemble une envie de rire avec malignité et de sourire avec sympathie...

Mais attendez un petit instant... Mme de Jaserin, — car c'est bien elle ! — n'a pas encore son visage ordinaire, et ceci par la faute de trop de baisers donnés ou reçus. S'installant devant une table, elle tire d'un petit sac toujours accroché à sa ceinture une boîte à poudre, un bâton de rouge, une glace. Tout en parlant sans regarder la glace, elle promène la houppe, puis, d'une main décidée et ferme, elle appuie le crayon carminé quelque part, au-dessous de ses narines... Là ! c'est fini !... Triomphalement, Mme de Jaserin se lève, sourit à « son beau chéri »... Elle n'est parvenue à poudrer, probablement à cause de la superficie considérable de sa figure, qu'une seule de ses joues et la moitié de son front ; mais, en revanche, elle semble posséder maintenant deux bouches, dont

Mme de Jaserin et le marquis d'Ombrailles.

la plus visible, légèrement au-dessus de l'autre, n'est pas la vraie... De ceci, d'ailleurs, on ne s'en aperçoit que lorsqu'elle parle.

— Voilà !... Comment me trouvez-vous?...

Ah ! l'accent délirant de tendresse, tremblant d'émotion, avec lequel l'amant extasié répond, en allant baiser la main qu'on lui tend :

— Adorable, ma chérie... a... adorable !...

Car, — et ceci est peut-être le plus burlesque et le plus attendrissant de tout ce qu'on vient de voir ou d'apprendre, — Mme de Jaserin, depuis des ans, est profondément, dévotement aimée par le marquis Ludovic d'Ombrailles, qui a toujours, certes, manqué quelque peu de génie, mais qui a été presque beau, qui reste fort riche, qui n'a aucun vice secret, qui n'est affligé d'aucune tare congénitale, et qui, oubliant chaque jour chez sa maîtresse ses mots et ses gestes de Chérubin sénile, est tenu avec raison le reste du temps pour un homme du monde, pour un homme aimable, pour un honnête homme, et même pour un homme de goût.

*
* *

Mme de Jaserin était de ces personnes toutes d'une pièce qui vivent telles qu'elles naissent, et qui tirent de cette stricte observance du principe d'identité le privilège de paraître vaguement éternelles jusqu'à l'instant de leur mort. Elle était de celles qui ne changent pas, que l'on connaît pour toujours après les avoir une fois comprises, — c'est-à-dire après avoir compris qu'il vaut mieux ne pas chercher à les comprendre. Sa vie entière, comme le peu qu'on en sait déjà, aurait pu réjouir des âmes sans malice contée par un ironiste, et, expliquée par un sentimental, émouvoir les cœurs les plus endurcis. Paraissant drôle à certains et touchante à d'autres, Mme de Jaserin était sympathique à tous.

Son père, le baron Friquet, avait consumé son existence en vains efforts pour entrer à l'Académie française. Une série d'œuvres historiques, philosophiques, littéraires et sociales dont les titres, du reste, ne vous diraient rien, le rendait à ses yeux et aux yeux de bien des gens parfaitement digne de cet honneur. A vrai dire, l'Académie elle-même jugeait de la sorte et, à chaque élection, le baron Friquet gagnait une voix. Par malheur, ayant, depuis beau temps passé l'âge de la majorité, il ne put atteindre celui qui lui en eût assuré le reste de la part des Quarante. Mais, quand il fut mort, ses proches, et même une bonne vingtaine de ceux qu'il avait rêvés pour confrères, eurent le sentiment très net qu'une grande injustice avait été commise et qu'il fallait, dans la mesure du possible, offrir à sa veuve une réparation.

La baronne Friquet n'avait pas de fils. Ne pouvant plus être l'épouse d'un académicien, ne pouvant être la mère d'un académicien, il ne lui restait qu'à cultiver l'espoir d'avoir prochainement un académicien pour gendre. Ses amis et connaissances s'employèrent de tout cœur à lui fournir cette consolation. Et, un jour, comme par hasard, le romancier-poète Elpénor de Jaserin fut présenté à la baronne Friquet et à sa fille.

Depuis sa sortie de Louis-le-Grand où il avait fait d'excellentes études, ce garçon ponctuel, sobre, chaste, économe, employait chacune de ses journées à écrire alternativement cinq pages de prose, ou cent vers alexandrins : je dis : alexandrins, car si des vers d'un nombre inférieur de syllabes lui paraissaient mieux appropriés aux desiderata de son inspiration, il s'assignait un supplément de labeur qui croissait en raison inverse de la légèreté du rythme. Ayant ainsi organisé sa vie, il se trouvait, vers la quarantaine, à la tête d'une œuvre considérable et considérée. Cinq ans plus tôt, un recueil de poèmes, *Brises d'amour*, — oh ! si parfait, si original ! — lui avait valu la croix ; et, maintenant, le succès de son dernier roman, *les Replis d'une âme*, — tellement vrai ! tellement profond ! — le faisait considérer un peu partout comme une de ces sommités littéraires auxquelles il est entendu que la Coupole ne coupe pas.

Il était myope par nature et psychologue par profession. Quand on l'eut mis en face de Thérèse Friquet, il ne distingua pas bien les traits de la jeune fille, — qui peut-être, après tout, ne lui auraient pas déplu, — mais en revanche, il démêla parfaitement que les voix académiques dues au baron Friquet lui étaient désormais acquises, et que cette certitude, jointe à la perspective d'une dot assez ronde, représentait en somme la réalisation des plus beaux rêves auxquels jadis il avait pu sourire, adolescent déjà épris de littérature et de poésie.

Bien entendu, la baronne avait accueilli le brillant romancier avec enthousiasme. Quant à Thérèse, à l'école de ses parents, elle s'était fabriqué de l'existence une conception dont ceux-ci étaient responsables, mais qui lui suffisait, à elle, amplement : toute vie digne d'être vécue lui apparaissait depuis ses plus jeunes ans comme une lutte terrible, certes, et souvent décevante que les hommes soutenaient contre leurs semblables afin d'obtenir un fauteuil à l'Académie ; bien entendu, dans cette lutte, les femmes avaient leur part, — et heureuse, divinement heureuse celle, qu'un jeune héros marqué pour une prochaine victoire, choisissait comme compagne et alliée !... Aussi Thérèse montra-t-elle durant ses fiançailles une impatience comme on en voit seulement parmi les oiselles en mal de mariage, chez les poulettes qui craignent la résurrection d'un passé un peu trouble ou chez les bécasses qui redoutent l'évanouissement d'un trop beau rêve d'avenir.

D'ailleurs, le destin n'eut qu'un tort vis-à-vis de Mme Elpénor de Jaserin : celui de combler ses vœux trop vite. Elle n'accomplissait pas depuis six mois ses devoirs d'épouse, qui consistaient à multiplier les visites, les démarches, à organiser des réceptions et des dîners profitables à la candidature de son mari, que celui-ci fut élu, à la première fois, au premier tour. Après en avoir été toute éblouie, Mme de Jaserin ne tarda pas à se trouver abominablement désœuvrée ; elle se voyait condamnée à la victoire définitive dans l'instant même où elle commençait à prendre goût à la bataille ; son rôle était terminé, l'avenir s'étalait devant elle comme un désert monotone et sans borne. Cependant Jaserin promenait dans l'existence des allures de triomphateur. Cela fut suffisant pour que sa femme vit en lui, dès le douzième mois de leur vie conjugale, l'être le plus irrémédiablement odieux que le monde eût jamais porté.

Elle parlait intarissablement et, en général, de trois ou quatre choses à la fois ; dès lors, les déplaisirs que lui causait son mari tinrent une place prépondérante parmi les sujets divers et simultanés de conversation qui lui passaient, sinon par la tête, du moins par la bouche. Ludovic d'Ombrailles se trouva là ; il aimait Thérèse autant qu'il l'aime aujourd'hui ; et, comme il avait été son ami d'enfance, il l'avait toujours aimée de la sorte, sans imaginer qu'il pût exister au monde une créature plus noble, plus intelligente, plus belle. On n'explique pas ces choses-là... Il l'avait aimée petite-fille, partageant ses jeux, subissant ses caprices, — sans rien dire ; il l'avait aimée jeune fille, fixant sur elle des yeux éblouis d'admiration dans le salon de la baronne Friquet où il arrivait toujours le premier, partait toujours le dernier, — sans rien dire ; il l'aimait plus encore s'il est possible, — toujours sans rien dire, — depuis son mariage, dont il avait atrocement souffert : il l'aimait, il l'aimait, et voilà tout... Et, comme un avare enfoui sous terre son trésor, il gardait profondément caché en lui-même son grand amour silencieux. Mais le jour où Mme de Jaserin proclama devant lui, comme devant le reste du monde, sa haine pour son mari, il se décida brusquement à sortir de sa réserve : les plus délicats, lorsqu'il s'agit d'amour, ne se font pas faute de commettre cette petite lâcheté qui consiste à profiter de l'occasion.

Mme de Jaserin fut très émue de cet aveu. Sans hésitation, elle répondit à M. d'Ombrailles qu'elle lui appartenait toute. Ceci, du reste, ne devait mériter d'être pris au pied de la lettre que quatre ans plus tard environ. Car, si Mme de Jaserin savait bien que l'amour est un don entier de soi-même, pour l'avoir lu notamment dans *les Replis d'une âme*, elle ignorait en revanche en quoi consistait au juste ce don. Certains gestes et certains actes de son mari, au temps où elle l'accueillait encore dans sa chambre, lui avaient paru trop baroques et trop ridicules pour avoir rien de commun avec l'amour. Elle faillit même tomber de son haut lorsqu'une amie lui révéla que les actes et les gestes singuliers observés dans l'intimité conjugale étaient en relation de cause à effet avec sa maternité qui s'annonçait déjà comme prochaine. Et ce fut en cette occasion que Mme de Jaserin eut ce mot resté historique dans son entourage :

— Heureusement qu'un amant ne se passe pas des choses comme ça !

Mme de Jaserin se maquille sans discrétion.

En même temps, elle proclama un peu partout son intention de divorcer : « Que voulez-vous ? Je suis aimée et j'aime !... » Mais l'exécrable Elpénor lui réservait un tour de sa façon ; il se mit en travers de ce projet d'une manière qui n'admettait pas de réplique : il mourut, non pas de chagrin, certes, mais d'une pneumonie que compliqua gravement l'indignation de n'avoir pas reçu en décembre la rosette sur laquelle il comptait,

Tout de même, Mme de Jaserin fit bonne contenance ; elle, qui n'avait pas admis la possibilité d'être plus longtemps l'épouse du romancier, eut assez de grandeur d'âme pour vouloir rester sa veuve. Elle affirma que si M. de Jaserin s'était montré insupportable en tant que mari, la mort devait effacer ce souvenir ; en tout cas, son talent d'écrivain ne pouvait être contesté, et c'était désormais sa haute mission à elle que d'administrer son héritage, — nom, gloire, salon littéraire et droits d'auteur, — afin de le transmettre intact et augmenté si possible à l'enfant qui allait naître de lui... Mme de Jaserin avait donc de nouveau un but dans l'existence.

Elle s'aperçut en outre que le rôle d'une femme dans la lutte pour l'Académie n'était pas aussi limité qu'elle l'avait cru en sa naïveté de jeune épouse. En effet, le sociologue Séraphin Piègealoux, un de ses amis qui se présentait à l'Académie vers cette époque, et pour qui elle fit campagne en dépit de son récent veuvage et de sa grossesse, fut élu. Elle ne douta pas d'être pour beaucoup dans un tel succès. Dès lors, sa voie lui était tracée. Elle s'y engagea, belliqueuse et ravie, prête à user de toute son influence, à combattre fanatiquement pour ceux qu'elle jugerait dignes d'être protégés par elle. Dans l'extrême agitation qu'elle se préparait de la sorte, elle allait trouver, comme il arrive à ses pareilles, la paix de l'âme ; et elle ne devait connaître, après les batailles, que des triomphes, étant de celles qui, dans la sincérité de leur cœur, jugent qu'il leur est impossible d'avoir été les alliés d'un vaincu... C'est dire que nous arrêterons ici son histoire particulière, qui risquerait désormais d'être aussi inexistante que celle même des peuples heureux.

*
* *

Hélas ! le bonheur des uns ne va pas sans le malheur des autres. Mme de Jaserin devait avoir sa victime, et, pour jouer ce rôle, M. d'Ombrailles a été de tout temps désigné. Lui qui avait cru voir le ciel s'entr'ouvrir à la mort du mari détesté, il a dû renoncer presque aussitôt à l'espoir qui lui semblait assuré d'une union prochaine avec la veuve. Toutefois n'exagérons rien ; M. d'Ombrailles est une victime, certes, mais une victime qui ne maudit pas son destin. D'abord, il se console le plus noblement du monde en pensant que son infortune est due en somme à la noblesse et à la délicatesse d'âme de son idole. Et celle-ci, aussi bonne que grande, a tout fait pour lui procurer diverses compensations bien touchantes. Ainsi, quand sa fille est venue au monde, elle n'a pas voulu qu'un autre que lui en fût le parrain. Elle a même laissé à M. d'Ombrailles le choix du prénom, et il a opté pour celui de Némorine, parce qu'une aïeule à lui en avait été parée au temps des galantes bergeries ; il ne faut pas, me semble-t-il, passer sous silence ce détail qui peut faire mettre sur le compte d'un poétique atavisme le caractère idyllique et florianesque du personnage que nous présentons ici.

Il est donc le parrain de Némorine. Et quel heureux parrain ! Sa filleule l'aime tant, elle trouve de si jolis sourires et de si frais baisers pour le remercier des cadeaux dont il la comble ! Ne pouvant être encore le mari de la maman, M. d'Ombrailles rend tout de même grâces au ciel qui lui permet de se considérer un peu comme le papa de la jeune fille.

Enfin, il a depuis longtemps obtenu de Thérèse — ainsi qu'on s'en doute déjà — qu'elle se donnât à lui tout entière ; et c'est dans son sens le plus ordinaire que cette formule est employée ici. Pensez donc ! Dès ses relevailles, Mme de Jaserin, en amante qui croit ne rien ignorer des obligations qu'un tel titre impose à une femme de cœur, a consacré chaque jour une heure entière à M. d'Ombrailles. Oui, cette femme si occupée, si supérieurement occupée, cette ouvrière héroïque de la gloire littéraire de la France, a eu cette générosité, et elle pousse la condescendance jusqu'à appeler « sa récréation » les minutes où elle n'est plus chez elle que pour un seul !... Tout de suite, dans le petit salon hindou, on échangea des baisers, des caresses. Mais les choses n'allaient pas plus loin. Il fut, durant des mois, véritablement très à plaindre, ce pauvre d'Ombrailles !... Mettez-vous à sa place ! Et imaginez les tortures de sa délicatesse devant cette femme qu'il lui faudrait détromper alors qu'elle était sûre de lui accorder tout ce que peut désirer un amant ! Et imaginez aussi la difficulté qu'il dut avoir à expliquer son désir, l'attitude qu'il eut à prendre en face de Thérèse, qui ne comprit rien, d'abord, à ce qu'il voulait dire, et qui, ensuite, lorsqu'elle eut compris enfin, n'en revenait pas :

— Non ? c'est ça que vous me demandez ?... Vous aussi ?... Comme Elpénor !... Ah ! non, ce que les hommes sont drôles !... Enfin, si ça vous amuse...

Et elle riait aux éclats...

Quinze ans depuis se sont passés, et Mme de Jaserin ne comprendra probablement jamais en quoi ce jeu peut plaire de la sorte à cet enfant terrible de Ludovic, — à son grand chéri !... — Elle le lui permet néanmoins volontiers : il faut bien, n'est-ce pas, être indulgente aux petites manies de ceux que l'on aime !... En revanche, il est plusieurs propositions ou requêtes de M. d'Ombrailles qui la choquèrent jadis plus que l'on ne peut dire : n'avait-il pas, une fois, émis l'intention de louer un appartement où tous deux pourraient se rencontrer? N'alla-t-il pas, durant un voyage qu'ils firent de compagnie, jusqu'à lui demander de laisser ouverte, une nuit, la porte de sa chambre?

— Vous perdez la tête, mon ami, répondit Mme de Jaserin indignée. Car, enfin, pour qui me prenez-vous? Ou bien ignorez-vous qu'une femme qui se respecte ne doit coucher qu'avec son mari? N'avez-vous pas remarqué la façon dont on parle de la comtesse Poporlo, par exemple, sur quel ton l'on dit qu'elle couche avec Paul ou Pierre?... Non ! vous ne partagerez mon lit que lorsque nous serons mari et femme... après le mariage de Némorine... Tenez-vous cela pour dit !

Le pauvre homme a suivi ce conseil. Patiemment il attendra, pour jouir de l'intimité complète dont il rêve, que Thérèse ait mené à bonne fin sa mission, que Némorine, mariée à un homme digne d'elle, puisse assumer à son tour la direction du salon illustre que hantent les ombres académiques ou dignes de l'être, de son père et de son grand-père, du romancier Elpénor de Jaserin et du polygraphe baron Friquet... Aussi, aujourd'hui comme les autres jours, dès que la voix aiguë de sa bien-aimée a proclamé la fin de la récréation, il s'est disposé à rentrer dans la vie, — dans la vie jusqu'au lendemain si indifférente et si longue, — sans récrimination, sans murmure en se contentant de soupirer une fois de plus :

— Ah ! Thérèse, quand serons-nous enfin l'un à l'autre, entièrement et pour toujours?...

— Quel enfant ! Il est incorrigible !... Voyons, il est tard... Passons au grand salon. Vous ne voulez donc pas embrasser votre filleule?

Ceci fait, il lui faudra irrévocablement partir. Non que sa présence au jour de Thérèse soit importune à personne ; mais lui, par une sorte de scrupule, a pris l'habitude de s'éclipser dans ces cas-là ; il lui semble qu'il ne serait point à sa place, qu'il éprouverait une sorte de gêne, — lui si petit, si humble, si indigne, — devant sa maîtresse, prêtresse d'un culte, à partir de l'instant où elle commence à officier. Toutefois, il ne croit pas avoir à se refuser la prolongation de bonheur que lui promettent la vue et le baiser de Némorine.

Celle-ci, comme à l'ordinaire, attend dans le grand salon, en compagnie de quelques amies intimes, — jeunes femmes d'hier ou de demain, — que sa mère se montre et que l'heure des visiteurs ait sonné.

— Bonjour, Ginette, Lisbeth, Loulou, et bonjour vous ! et bonjour toi ! — claironne Mme de Jaserin qui se précipite et distribue des accolades. — Mes petites, vous avez eu du flair en venant aujourd'hui : on a des « nouveaux » à vous offrir !... Némorine, je t'amène ton parrain... Ouf ! Nous avons parlé affaires avec M. d'Ombrailles, et j'ai une de ces migraines !...

Depuis quinze ans et plus que la bonne dame s'enferme quotidiennement dans le petit salon hindou en compagnie de M. d'Ombrailles, elle n'a jamais employé, à la sortie, une autre formule, celle-ci lui semblant largement suffisante à sauvegarder les convenances et à ménager le qu'en dira-t-on.

— Oh ! le vilain M. d'Ombrailles, — gronde gentiment Lisbeth Moltz, — le vilain qu'on ne voit jamais, et que Mme de Jaserin nous vole !... Nous sommes jalouses, na !

— Oh ! le méchant ! — insiste Némorine qui donne des migraines à ma petite mère !

Toute cette jeunesse, là-dessus, se mouche, tousse ou se détourne pour cacher des rires. Mais Ginette Laurrey parvient à reprendre son sérieux.

— Vous dites, — demande-t-elle à Mme de Jaserin, — qu'il y a ce soir des nouveaux chez vous. Oh ! je brûle de savoir qui !

— Qui? qui? qui? répètent en chœur ces folles.

— Gaspard de Berberolles, d'abord.

— Quoi? le pleureur? — fait Lisbeth avec une légère moue. — Celui qui a écrit dix mille vers sur la mort de sa première femme, et que sa seconde femme veut faire entrer à l'Académie pour cela?

— Ne blaguez pas, — pontifie Mme Jaserin — un talent, oh ! un talent... Entre nous son élection est sûre.

— Oui. Et après? Qui encore?... Je brûle ! Nous brûlons !...

Mme de Jaserin fouille dans son petit sac et en tire une lettre fort chiffonnée :

— Après? Attendez... Ah ! oui, Georges Cerdille, un jeune... Celui-ci vous regarde, mes petites. C'est ce bon Torterel qui m'a encore amené ces nouvelles recrues !

— Georges Cerdille? Mais je le connais ! s'écria Loulou d'Estange : — on a flirté ensemble l'hiver dernier. Il est joli ! joli ! oh ! joli...

— Et il a du talent? — interroge Némorine.

— Un talent, oh ! un talent ! — clame Mme de Jaserin en arrondissant sa vraie bouche jusqu'à faire disparaître la fausse.

— D'ailleurs, — affirme Loulou d'Estange, — on a toujours un certain talent quand on est aussi joli que lui.

— Ah ! bien, alors, — dit Némorine toute boudeuse, vous auriez pu me prévenir, maman ! Moi qui n'ai pas soigné ma toilette, qui suis attifée comme une gitane... Vite ! je vais changer de robe. Au revoir, mon

***

parrain !... Venez m'aider, mes chéries !...
— Prends ta robe safran, Némo !
— Non, ta robe bleu paon, avec l'écharpe dorée...
— On verra ! Vite, vite.
— Quelles folles ! Quelles gosses ! — murmure tendrement Mme de Jaserin en les regardant s'envoler.

Et, tandis qu'elle raccompagne M. d'Ombrailles jusqu'à la porte, ces amours d'enfants, avant d'entrer dans la chambre de Némorine, passent par le petit salon hindou, pour tâter, comme à l'ordinaire, *si la place est chaude*. Car Lisbeth Moltz, qui fut six mois plus tôt l'inspiratrice de cette coutume, affirme que lorsqu'elles parviennent à percevoir sur le divan quelque tiédeur encore, cela leur porte bonheur à toutes pour le reste de la journée.

III

ON CAUSE

Six heures. L'hôtel de Mme de Jaserin est bondé. Entrées et sorties, froufrous, rires, flux et reflux de conversations... Pour peu qu'on ait des lettres, — et c'est sans doute ici le cas du plus grand nombre, — on pense involontairement à ce que devait être le chaos avant que la pensée divine s'inquiétât de l'organiser et de régler la musique des sphères ; on ne peut du reste se résoudre à croire que la crécelle de Mme de Jaserin, qui jaillit comme une perpétuelle fusée sonore au-dessus de ce bourdonnement confus, parvienne en aucun cas à lui donner une direction ou une harmonie.

— J'ai une de ces envies de filer ! — confie Torterel à Jean Fabiac qu'il vient de retrouver dans un coin...

— Ne vous gênez pas, la porte est ouverte.

— Rien à faire : cloué ici !

A ce moment Némorine vient leur offrir du thé. Elle n'a pas oublié qu'elle leur en a déjà servi ; mais c'est une belle occasion pour elle de jeter encore sur eux un regard caressant, un de ces regards dont elle a le secret et qu'elle distribue avec une inlassable générosité à tous ceux qui se trouvent dans ses parages.

— Et puis, vous savez, — leur jette-t-elle en s'envolant, — quand vous aurez fini de raconter pour vous seuls d'affreuses histoires, vous pourrez vous rappeler que, mes amies et moi, nous existons.

— Mais, bien entendu, Mademoiselle.

Tous deux ont flirté avec elle, et aussi avec Lisbeth Moltz, Loulou d'Estange et les autres, et ils continuent ; non que cela les intéresse follement, mais ils estiment que c'est une obligation à laquelle les parfaits jeunes hommes du monde qu'ils sont ne peuvent se dérober. Que voulez-vous? Les jeunes femmes et les jeunes filles bien élevées ont moins de distractions que leurs camarades de l'autre sexe ! Or, le flirt est un jeu, comme le tennis ou le golf par exemple, avec cet avantage qu'il se suffit à lui-même, et que le tennis et le golf ne présenteraient en général, sans lui, qu'un intérêt des plus restreints. Un jeu, sans plus. Un jeu qui fut de tout temps et partout cher au genre humain, mais pour lequel une jeune Française peut actuellement proclamer son goût sans rougir, même devant son mari, même devant sa mère.

— Cloué ici? — interroge Fabiac après le départ de Némorine ; — est-ce que... de nouveau?...

L'an passé, durant un séjour que l'on fit en bande à Fontainebleau, le flirt de Némorine et de Torterel avait pris un caractère si exclusif que leurs intimes, déjà, les mariaient ensemble.

— Non ! ce n'est pas d'*elle* qu'il s'agit, du moins aujourd'hui, — répond Torterel en souriant.

— Tant pis pour vous ! Elle devient de plus en plus jolie, cette enfant !

— C'est vrai !... D'où son père et sa mère ont-ils bien pu la tirer?... Car enfin, regardez donc le portrait en pied d'Elpénor, et cette bonne Mme de Jaserin, assise, en chair et en os, surtout en os, au-dessous de lui !... Cette Némorine si blonde, si dorée, si fraîche...

— Une pêche veloutée !

— Une caille grasse à point !

— En vérité, elle montre beaucoup de clairvoyance, du moins en ce qui concerne sa charmante personne, quand elle affirme hautement qu'elle est excitante.

Mais tous deux trouvent déjà qu'ils sont allés trop loin. L'un ou l'autre peut, un jour, épouser Némorine ! On ne sait pas comment tournent certaines choses... Prudemment, Torterel se hâte d'expliquer pourquoi et comment la présence de Georges Cerdille le retient chez Mme de Jaserin, et il raconte l'histoire, en la présentant à sa manière :

— Il a du talent, ce gamin-là. Mais quel paresseux ! Et quel sauvage !... Je suis parvenu à le conduire ici par les oreilles pour ainsi dire... Je garde la porte, de peur qu'il n'ait soudain envie de filer.

— C'est d'un bon ami, — déclare Fabiac.

Torterel et Fabiac ont l'un pour l'autre beaucoup d'estime, d'amitié, et presque de l'admiration. Ils se comprennent parfaitement, sans avoir eu jamais recours à ces confidences excessives qui sentimentalisent les rapports et les rendent par là même moins sûrs. Quelques mots ont suffi à Fabiac pour qu'il se rendît compte que Torterel s'intéressait à l'avenir littéraire de Georges et il se garde bien d'éprouver en ce qui concerne les raisons de cet intérêt de niaises et vaines curiosités.

— Du reste, — poursuit Fabiac quand — Un provincial, un vieil ami de ma famille. Là-bas, à Castelmaur, près d'Agen, il s'amusait à composer des opuscules qui lui valaient toutes les fleurs des jeux Floraux. Il avait une femme exquise, une adorable fille... Tenez ! cette jolie brune, qui semble ne rien comprendre à ce que lui raconte Lisbeth Moltz... Bref, il était parfaitement heureux. Soudain, sa femme, meurt...

— Le pauvre homme !

— Oh ! ce ne fut que le commencement de ses malheurs ! Le plus triste, c'est que la douleur le rendit poète : trois recueils d'élégies de trois mille vers chacun, coup sur coup !

— Vlan !

— Et, pour comble, une pécore des environs s'est amourachée de lui en lisant ses œuvres. Il l'a épousée. Voilà !

— C'est cette personne qui...

— Oui, cette petite femme noiraude, et criarde comme un grillon qui accapare notre hôtesse. Ne riez pas ! Elle est redoutable. Elle est animée d'une ambition comme on n'en rencontre qu'aux bords de la Garonne ou du Lot, d'une fureur de conquête que rien ne rebute, qui n'a aucun scrupule, qui ne craint en aucun cas le ridicule et à qui, par le fait même, tous les espoirs sont permis. Voyez-vous, devant des créatures de cette race, rien ne résiste, pas plus les portes de l'Académie que celles de l'Elysée ou des ministères !... L'académie des jeux Floraux a paru à la deuxième Mme de Berberolles indigne de son mari... Tant mieux pour l'Académie française ! Il y entrera, de gré ou de force, qu'on le veuille ou non, parce que sa femme en a décidé ainsi. Et, voyez, elle a déjà réalisé un miracle : Mme de Jaserin se tait et l'écoute...

Némorine offre le thé aux invités de Mme de Jaserin.

Torterel l'a remercié d'un sourire complice, — il m'a tout l'air de s'apprivoiser, votre poulain ! Le voici qui passe de Loulou d'Estange à Léon Dariol, de l'amour à la gloire, du carquois à la lyre.. Mais avouez qu'en entrant ici, pour la première fois et dans un âge si tendre, il est bien excusable d'avoir paru un peu ahuri, ou embêté.

— Mon Dieu ! c'est un salon comme tous les autres...

— Plus peuplé que les autres, et plus peuplé aujourd'hui que jamais... Oh ! oh ! voici encore les Rombier, et les frères Pomière, et Frigga Papagus... Mes compliments, si ce sont vos recrues qui attirent tout ce monde ! Mais, au fait, ce Berberolles, où donc l'avez-vous déniché ?

— On semble l'écouter.

— C'est déjà ça !... Et cependant, avec tant de monde, et il en arrive encore, notre hôtesse aurait fort à faire !... Contemplez donc cette cohue ! La foire bat son plein.

— La foire !... Je ne vous l'ai pas fait dire, mon bon Torterel ! Ce n'est pas un salon, c'est une foire ; la foire aux lettres !...

— Non, parce qu'il n'y a que des vendeurs, et pas d'acheteurs.

— Alors ? Quoi ? L'Exposition des célébrités de demain et d'aujourd'hui ?... La Bourse et la Gloire ?...

— Si vous voulez ! Mais je ne crois pas que nous puissions arriver à une définition précise ou satisfaisante. Au début de la carrière de Mme de Jaserin, son salon, suivant une formule qui lui était chère, pouvait être considéré avec raison comme un des vestibules de l'Académie. Mais, depuis, la patronne a dû transformer son établissement selon les exigences de l'époque. Fidèle à sa résolution de présider aux élections académiques, la pauvre dame s'est vu forcée d'agrandir son champ d'opérations à tel point qu'elle s'y perd... et que nous nous y perdons nous-mêmes. Le spectacle que nous avons sous nos yeux est trop particulier, trop nouveau encore pour être avec raison comparé à quelque chose de bien connu. Pensez donc ! Puisque la rage littéraire sévit depuis une dizaine d'années dans tous les mondes, Mme de Jaserin est bien obligée de convoquer chez elle toutes sortes de gens, tout Paris, toute la province et Agen même, en la personne de Berberolles ; des milliardaires qui font jouer des pièces et des demoiselles du télégraphe qui ont eu un prix à l'Académie ; des médecins qui écrivent des romans et des officiers de marine qui composent des traités philosophiques ; des demoiselles de comédie ou d'alcôve qui préparent leurs mémoires et de jeunes esthètes qui n'ont rien produit encore mais dont le physique laisse espérer des chefs-d'œuvre... Jadis, les académisables étaient peu nombreux, prévus, cotés, catalogués : on pouvait parler alors de salon académique... A présent, il y a un littérateur mâle ou femelle dans toute famille qui se respecte... et les femmes elles-mêmes seront peut-être admises prochainement à l'Académie !... Allez vous reconnaître là-dedans !

— Ce n'est pas un salon... C'est une sorte de société d'élevage, oui, une société amicale et coopérative d'élevage, puisqu'il ne s'agit plus de consacrer certaines réputations à tort ou à raison établies, mais de préparer les réputations de demain en prenant pour ainsi dire en nourrice ceux qui paraissent dignes d'avoir un jour à leur front « la couronne et l'étoile »... Ce n'est pas un salon ; ce n'est pas plus un salon qu'un cours de danse n'est un bal... Et voilà ! Nous y sommes !... Les jeunes gens et les jeunes filles apprennent aujourd'hui à « littératurer » comme ils apprenaient à valser autrefois... C'est une institution, non pas de littérature, mais de littératurisme que tient Mme de Jaserin : progrès garantis, professeurs diplômés... Hein? c'est nous, les maîtres à danser, mon vieux Torterel !

— Les maîtres à danser... c'est-à-dire, — interroge Torterel, — que nous serions, vous et moi, des professionnels, et que les autres, pour la plupart, n'auraient droit qu'au titre d'amateurs?

— Mon Dieu !... — répond Jean Fabiac avec un geste délibérément indécis...

Puis il se tait ; et l'autre, qui regrette déjà d'avoir trop nettement posé sa question, se garde bien de la renouveler. Encore un chemin sur lequel ils aiment mieux ne pas engager leur conversation ! Parler d'eux-mêmes avec précision ou subtilité, cela ne leur paraît présenter d'intérêt que s'ils sont écoutés par de vieilles dames ou de petites filles, et encore à la condition qu'ils s'embellissent alors avec art et exagèrent industrieusement leurs mérites. Entre eux, qui ont estimé avec certitude ce qu'ils valent l'un pour l'autre, la vérité elle-même serait fastidieuse ; l'amitié, telle qu'ils l'entendent, n'aurait à en tirer aucun profit ; ils se comprennent, ils se devinent, et n'ont pas besoin de se faire, à propos de bottes, les honneurs de leurs respectives personnalités.

Jean Fabiac n'a nullement oublié que, d'une naissance assez modeste et n'ayant que de petites rentes, il est devenu littérateur avec le dessein bien arrêté d'augmenter sans trop de peine ses revenus et de se créer d'avantageuses relations. Quant à Torterel, qui n'avait pas de rentes du tout, il a choisi ce métier parce qu'il savait qu'on y gagne facilement sa vie pour peu que l'on soit habile, et parce que, voluptueux et paresseux à sa manière, il joignait à l'amour du succès, — de tous les succès, — une horreur profonde pour les tâches monotones, strictes et régulières, pour les professions libérales ou autres que les diplômes réservent à leurs infortunés conquérants.

Donc, leur vocation littéraire, — et ils ne se font aucune illusion là-dessus, — équivaut à l'inébranlable attachement aux institutions républicaines d'un député ministrable, ou à l'esprit de charité des dames qui font profession d'être de toutes les bonnes œuvres. Le comble, c'est que leur prévoyance ne s'arrête pas à eux-mêmes, et qu'ils s'en voudraient d'avoir à l'exprimer à propos de maintes personnes qui évoluent à cette heure dans les salons de Mme de Jaserin.

A quoi bon raconter, par exemple, que ce pauvre Rombier, qui ne tient en somme dans la vie qu'à sa collection de boîtes d'allumettes, ne produit deux bouquins par an que pour payer des chapeaux et des robes à sa femme?... Que si Mme Rombier s'est mise elle-même à écrire des romans, c'est uniquement parce que son époux, qui se savait laid et qui la trouvait belle, l'y a poussée, avec l'espoir qu'en imaginant des aventures d'adultère, elle penserait moins à

en chercher pour son compte dans la vie?...
Que M¹¹ᵉ Eveline Sansonnet n'accumule poèmes sur poèmes que dans le but de trouver un mari ou un amant grâce à l'étalage rythmé de sa belle âme?... Que si Frigga Papagus a écrit *les Nuits énervées*, où elle proclame avec tant de lyrisme ses amoureux mérites, c'est afin que de bons jeunes hommes lui expriment leur désir de s'en rendre compte par eux-mêmes, ce qui ne lui a jamais déplu?... Que Georges Cerdille, sans la fatuité capricieuse de son père...

Mais Georges Cerdille est notre ami.

**

Des professionnels, Torterel et Jean Fabiac?... Est-ce du moins leur talent, plus grand que celui de leurs voisins ou d'une qualité différente, qui leur permettra de se considérer comme tels? Ils n'en croient rien. Du talent, ils en ont, parbleu, — comme tout le monde ! C'est vraiment trop facile d'avoir du talent à notre époque, et les entrepreneurs de publicité littéraire ne mentent pas plus, lorsqu'ils en proclament chez leurs clients, que les critiques quand ils en reconnaissent à leurs amis. C'est que chacun fabrique aujourd'hui son roman ou son recueil de poèmes à peu près de la même façon que les rhétoriciens de l'autre siècle composaient leur tragédie dès le collège, un songe au premier acte et un récit au dernier ; la manière, les procédés sont cristallisés, figés et bien connus ; la lecture d'une quantité de chefs-d'œuvre, puis d'œuvres habiles, a été cause dans le public d'une éducation inconsciente qui permet à n'importe quel jeune homme intelligent et lettré, à n'importe quelle jeune fille désœuvrée et sensible, d'écrire des pages de prose ou de vers qui en valent d'autres. Ainsi vulgarisé, le talent n'est plus que la pratique d'un exercice facile et qui doit donner rapidement le succès. En ce qui concerne particulièrement Fabiac et Torterel, c'est une habileté plus ou moins grande à écrire ce qu'exigent de leurs fournisseurs des journaux sérieux, « qui paient bien et qui font connaître » ; il ne s'agit plus de s'inquiéter des aspirations obscures de la foule ou de l'époque, mais de satisfaire les goûts limités, de flatter le snobisme bien défini d'un certain public. Hé ! mon Dieu, ils savent bien qu'il existe encore, dans les mansardes du quartier latin ou vers les cimes de Montmartre, des serviteurs des Muses qui vivent dans leur rêve, mangent une fois tous les deux jours, cherchent du nouveau et ont peut-être du génie ! Mais, voyez-vous, en littérature,

il y a les artistes qui travaillent peut-être inutilement, pour une gloire tardive ou posthume, et les écrivains qui, plus modestes, ne demandent au ciel ou n'attendent d'eux-mêmes qu'un succès immédiat et presque assuré. Torterel et Fabiac sont de ceux-ci. Les autres, ils ne les ignorent pas, mais ce sont des gens qui « travaillent dans une autre partie » et aux affaires desquels ils n'ont rien à voir. Chercher du nouveau ! Vivre pour l'art ! S'employer de toutes manières à accuser leur personnalité !... Ils ont peut-être rêvé de cela jadis, à la veille de leur bachot, mais dès qu'ils ont voulu vivre de leur plume ou simplement vivre mieux par elle, ils ont compris que des prétentions ou des ambitions aussi archaïques, ça ne prenait pas... Allez donc en cultiver de semblables, quand des journaux comme *le Barbier de Séville*, — le noble et glorieux quotidien qu'on n'appelle plus aujourd'hui que *Le Barbier* tout court, — vous passent des commandes du genre de celle que vient précisément de recevoir Torterel : un roman bien sentimental, se passant en Italie, avec des visites dans des musées et un adultère aussi chaste (*sic*) que possible !...

Il se peut que Torterel et son ami trouvent quelque grandeur à leur résignation, qui parfois encore les irrite envers eux-mêmes. Mais pourquoi exalter cette résignation? N'est-il pas aussi répréhensible de se glorifier que de se mépriser? Et c'est sans doute la dernière raison pour quoi, au lieu de s'expliquer en riant, ils préféreront, en souriant, se taire.

— Oh ! oh ! vous aviez raison, — fait simplement Torterel après quelques secondes de silence, — mon poulain, comme vous dites, devient rassurant... Frigga Papagus ne le lâche qu'à regret ; Némorine l'accapare... Passons au fumoir, voulez-vous?

**

La conclusion de tout ceci, qu'ils ne tiennent pas autrement à formuler, d'autres se chargeront de la fournir.

Dans le petit salon montmartro-hindou, ahurie par les histoires que Lisbeth Moltz vient de lui raconter, Cécile de Berberolles s'est réfugiée auprès du vieux poète Léon Dariol. C'est un ami. Voici deux ans, au retour d'un voyage en Espagne, il a accepté l'hospitalité des Berberolles, et Cécile s'est bien rendu compte que, si Castelmaur n'a pas trop ennuyé le grand homme, c'est qu'elle-même l'amusait beaucoup. Il était un peu fatigué, parfois, d'écouter M. de Berberolles lui débiter interminablement ses poèmes, ou la deuxième Mme de Berberolles lui exposer, à grand renfort de cris et de gestes, les droits à l'immortalité de l'élégiaque ; mais les bavardages de Cécile et deux ou trois promenades avec elle dans la campagne et le village lui avaient fait gentiment oublier tout cela. Cette petite savait si bien parler, — avec des mots qu'il eût été fier d'avoir trouvés lui-même au temps de sa jeunesse, — de son amour pour la vie rustique et libre, de la couleur des champs, de l'odeur des fleurs et des herbes, de la grâce presque florentine des collines gasconnes autour de Castelmaur ! Elle était si gaie, si spontanée, si miraculeusement jeune, avec son visage aux éclatants sourires et sa démarche souple, alerte, presque dansante parfois, de jeune chasseresse compagne de Diane !... Entre le vieillard illustre et la charmante provinciale s'était établie tout de suite la plus heureuse des sympathies.

Et maintenant Cécile parle, parle... Elle a comme une revanche à prendre d'être restée presque tout le temps silencieuse avec Lisbeth Motz : à vrai dire, tandis que cette poupée l'entretenait de ses flirts compliqués et multiples, de ses opinions composites sur ce qui se faisait, se lisait, ou se portait, Cécile avait l'impression désagréable de se trouver en face d'une mystificatrice qui se fût jouée d'elle en lui parlant chinois...

« Moi, — a fini par lancer à Lisbeth Cécile agacée, — je n'ai eu qu'un amour : un petit berger de mon pays... oui, comme Almaïde d'Etremont... Mais l'aventure n'a pas eu de conséquences fâcheuses, comme dans Francis Jammes, parce que nous avions, lui et moi, huit ans à l'époque. Quant à mon livre préféré, ce sont les aventures de Télémaque... Connaissez-vous l'auteur?... »

Elle rapporte cela au vieux poète enchanté, puis :

— Dites-moi, Monsieur Dariol, est-ce que c'est partout, à Paris, comme chez Mme de Jaserin? Est-ce qu'on n'y rencontre que des jeunes filles de ce modèle? Est-ce que tous les jeunes gens sont comme ce petit dindon qu'on m'a présenté tout à l'heure : un nommé Jack-Antonio Pié?... C'est ça qui me promettrait du bonheur ! Car, au fond, je crois que ma belle-mère ne compte pas s'occuper seulement de papa, durant son séjour ici, et qu'elle veut en outre me marier, à Paris et selon ses goûts... Pour cela, flûte !... Mais je vous demande pardon : mes histoires de petite fille ne doivent guère intéresser un grand poète comme vous...

— Vous vous trompez, mon enfant. Elles m'intéressent beaucoup, au contraire. Et puis, ne me traitez donc plus de grand poète : je ne suis pas, ici surtout, un grand poète ; je suis simplement un vieux poète, une curiosité, une pièce de musée, un représentant d'un âge disparu, qui en dehors de son intérêt archéologique ne possède que celui de promettre ou de refuser sa voix pour l'élection prochaine... D'ailleurs, je dis cela sans aucune amertume, puisque un antique bonhomme de mon espèce peut s'entendre avec une petite fille comme vous.

— Alors, — dit Cécile ravie, — je vais vous demander quelque chose à l'oreille... Nous nous aimons bien : soyons complices ! si ma belle-mère m'ennuie avec une histoire de mariage, je vous en avertis, et vous vous chargez de lui dire que vous ne donnez plus votre voix à papa jusqu'à ce qu'elle me fiche la paix !

— Ça, c'est juré, déclare Dariol en riant. Mais ne vous inquiétez pas trop... Même ici, en cherchant bien, on pourrait trouver des gens de votre âge qui ne ressemblent pas tout à fait à Mlle Moltz ou à M. Pié... Tenez, ce petit Cerdille, avec qui vous êtes entrée tout à l'heure, j'ai causé avec lui... Eh bien, à moins que je ne sois décidément un vieux nigaud... Voyons ! ne riez pas ainsi... Ce n'est pas encore un mari que je vous propose ; seulement, j'ai comme une idée que vous trouveriez en lui un bon camarade.

— Je ne riais pas à cause de ce que vous croyez : j'ai ri de plaisir en constatant une fois de plus notre communauté de goûts. Je ne connais ce M. Cerdille que depuis une heure, mais il avait l'air tellement embêté en entrant ici, le pauvre garçon, qu'il m'a été aussitôt sympathique !

— Le voici, chut !... Quand on parle du loup...

Georges Cerdille, d'ailleurs, ne vient vers eux que dans l'intention de prendre congé ; il est tard, et Tortorel l'attend, pour filer, dans le vestibule. Mais, — expliquez cela comme vous voudrez ! — ce sacré gamin, qui une heure plus tôt ne pensait qu'à la fuite, s'est si bien apprivoisé qu'il menace de prendre racine, maintenant !

Et c'est Tortorel en fin de compte, qui s'impatiente, et qui se voit dans l'obligation de venir le chercher.

*
* *

Dans la rue, où Jean Fabiac les accompagne :

— Ouf ! Je suis content, ça s'est bien passé, déclare Georges à Tortorel. — On va chercher Nono et faire la fête... Vous êtes des nôtres, Monsieur Fabiac?

— Mon petit, — ordonne Torterel, — nous irons d'abord raconter à ton père les détails de la journée. Je le lui ai promis : ça lui fera plaisir, à cet homme.

— Tu es donc content de moi ? — demande Jacques qui est content de lui.

— Oui !... Et tu vois bien que ce n'était pas la mer à boire.

— C'est vrai. Tout le monde a été très gentil et je ne me suis pas trop ennuyé... Dis donc, il y a des femmes qui en valent la peine, chez Mme de Jaserin !

— Polisson ! Je vais faire part de tes intentions à Nono.

— Zut !... Et puis, surtout, ce qu'il y a de chic, ce qui me rassure, c'est que la patronne m'a félicité de mon dernier livre... Hein ? Crois-tu ?... C'est donc qu'il n'y a guère besoin de se la fouler pour devenir un écrivain célèbre ?

— Si peu, — répond Torterel qui pouffe ; — tu verras !...

IV

LE MEILLEUR DES PÈRES

Georges Cerdille avait raison de dire en parlant de son père que la mauvaise humeur lui allait comme la rage à un bon chien. De la mauvaise humeur, au reste, M. Cerdille n'en abusait guère ; il ne pensait qu'en de rares circonstances à rougir du solide optimisme dont il jouissait. J'ajoute que, trouvant la vie belle, il la préférait aussi brillante et parée que possible, comme font les amants pour leurs maîtresses, quand ils les trouvent dignes d'inspirer l'admiration ou simplement le désir. Certes, riche et gonflé de traditions bourgeoises, il avait proclamé tout temps que le travail est le premier devoir de l'homme et que l'inaction est honteuse, même pour les plus fortunés ; aussi faisait-il sonner haut son titre d'industriel et l'étalait-il sur ses cartes de visites. Mais chacun savait — et il savait peut-être lui-même — que les *Aciéries Cerdille* étaient administrés de manière parfaite, honorable et fructueuse, par un cousin pauvre, et que son véritable labeur de grand industriel consistait à toucher de l'argent beaucoup plus souvent que ses besoins ne l'eussent exigé. Son titre de travailleur était donc purement honorifique dans la haute bourgeoisie de notre époque ; de même, le titre de marquis n'invite plus depuis longtemps ceux qui ont l'honneur de le porter chez nous à occuper militairement et à défendre jusqu'à la mort les marches des Gaules.

M. Cerdille n'était donc pas du dernier bateau, du bateau du jeune Malassy par exemple, pour qui le travail est un sport à la mode, auquel on doit s'adonner furieusement et dès l'âge le plus tendre, surtout quand on est du monde par la naissance ou la fortune. Il ne croyait pas non plus que son titre l'obligeât à se raser les moustaches, ni à parler par monosyllabes avec un léger accent américain. En outre, il ne considérait nullement l'argent « comme une force, comme un levier, comme un stimulant d'énergie »... Non. Plus primitif, il ne voyait dans un surcroît de bénéfice qu'un moyen de s'offrir avec plus d'aisance les douces inutilités dont il avait envie. La prospérité de ses affaires l'intéressait bien autrement par les plaisirs qu'elle lui procurait, à lui, que par le développement qui pouvait en résulter pour elles. Il aimait le luxe, la bonne chère, les vins généreux, les jolies femmes, les beaux chevaux. Il s'efforçait de paraître discrètement retardataire en toutes choses : ainsi, il ne se départait jamais dans la société des femmes, qu'elles fussent du demi-monde ou même du monde, de la plus scrupuleuse politesse, ce qui le faisait passer pour un original. Les vieillards et ses amis le jugeaient très « second Empire ». Il était même très « Louis XV » dans son ménage, où il comblait sa femme des égards et des soins les plus touchants, tout en la trompant avec constance.

Le clair soleil matinal et printanier avait fait s'épanouir complètement, durant une heure de flânerie au Bois, l'optimisme de M. Cerdille. D'abord, sortant de chez lui et s'examinant dans les glaces des devantures, il s'était trouvé délicieusement rajeuni par un complet très « allée des Acacias » et par

Mme de Berberolles, petite femme noiraude et criarde.

un chapeau de feutre gris qu'il inaugurait. La bonne impression qu'il éprouvait sur son compte l'ayant invité à lorgner les promeneuses avec plus d'audace qu'à l'ordinaire, il obtint çà et là de leur part des grimaces encourageantes ou flatteusement indignées qui eurent le don de le ravir. Se sachant à son avantage, il évita le malséant empressement des messieurs mûrs qui se jettent avec avidité sur les occasions, comme pour profiter de leur reste ; il fut pareil à ces beaux jeunes hommes comblés des faveurs de l'amour, qui se disent en souriant « si je voulais !... » et passent,, parce qu'ils ont seulement voulu éprouver leur force et que l'univers paraît leur tenir en réserve plus de tendresse féminine qu'ils n'en désirent pour le reste de leurs jours.

Ah ! la vie était mieux que belle, ce matinlà ! Elle était jolie... Le paysage semblait remis à neuf ; on eût dit la devanture d'un magasin illustre durant quelque période particulièrement consacrée aux achats ; et le soleil, ce chef de rayons capricieux, mais incomparable, mettait l'étalage en valeur avec sa maestria des grands jours... La joie des yeux pour le flâneur ou l'acheteur !... M. Cerdille la dégustait si voluptueusement, cette joie, qu'il eut soudain le déplaisir de ne plus pouvoir ne pas reconnaître Cady Desroses, une ancienne amie qu'il avait, étourdiment, trop regardée.

Le déplaisir, — parce que Cady Desroses était accompagnée d'un gigolo, lequel portait un chien, un carlin, le type du genre, un affreux cabot grognon et pareil à une vessie de graisse autour de laquelle une ménagère fantaisiste eût disposé un harnois tintinnabulant.

Mais Cady Desroses, appliquant son face-à-main au-dessous de sa frange de cheveux fauves

— Ce vieux Cerdo ! Comme on se retrouve !...

Ça, c'était déjà mieux. En s'entendant traiter de « vieux Cerdo », M. Cerdille se trouva rajeuni de dix autres bonnes années. Oui, il avait beaucoup fréquenté jadis chez les galantes personnes qu'il appelait, comme avaient fait son père et sa mère, des *demoiselles*; ses moustaches étaient en ce temps-là très noires et il les portait longues ; aussi, les tziganes étant alors à la mode, Cady Desroses et ses sœurs, qui lui trouvaient le type tzigane, jouaient à être folles de lui et rêvaient de l'aimer pour lui-même. Cerdo ! Ce tendre sobriquet à la consonnance quasi hongroise allait très bien à son visage. En sorte qu'aux matins de belles nuits, dans l'instant même où le grand industriel ouvrait son portefeuille, beaucoup de ces enfants charmantes lui avaient dit passionnément : « Tu n'es pas gêné, au moins ? Parce que, tu sais, si tu avais besoin de quelque chose... » Evidemment, M. Cerdille n'avait jamais profité de ces propositions. Mais ce sont tout de même des choses qu'un homme n'oublie pas.

— Cerdo ! Ce vieux Cerdo !...
— Mes hommages, ma chère Cady. Toujours belle !
— C'est à n'y pas croire ! Je parlais justement de toi, il n'y a pas un quart d'heure, avec... avec monsieur...

Elle ajouta, non sans aisance :
— Mais pardon ! Permets que je te présente M. Léopold Bistingue, un de mes amis.

M. Cerdille esquissa un léger signe de tête dans la direction du jouvenceau, sans le regarder du reste.

— En vérité, ma chère Cady, vous parliez de moi ?
— Mais z-oui !... Je jetais un coup d'œil sur *le Barbier de Séville*, et qu'est-ce que je lis, aux renseignements mondains ?... « Avant-hier, chez la marquise d'Egrotan, le jeune et brillant poète Georges Cerdille... » Non, vrai ? est-ce que par hasard tu serais d'âge à déjà posséder un fils qu'on nomme dans *le Barbier* ?... un homme illustre ?

Ce fut sans doute la physionomie devenue subitement radieuse de l'heureux père qui décida le jeune Bastingue à placer son mot. Jusque-là, il ne s'était guère employé qu'à calmer, par de tendres paroles murmurées à mi-voix, les grondements du carlin.

— Oh ! Monsieur, vous seriez le père du poète Georges Cerdille ?... J'admire tant son talent !... Si j'osais... Ah ! si j'osais...

— M. Léopold Bistingue est journaliste, — prononça Cady Desroses.

— Oui, Monsieur : rédacteur à *M'as-tu lu*... Et si vous consentiez à intercéder auprès du poète pour qu'il m'accordât une interview. Ah ! Monsieur !... Oh ! Monsieur...

— Mais comment donc ! Je m'y emploierai de tout cœur ! — s'écria le grand industriel transfiguré ; — mon fils habite encore chez moi... Pas pour longtemps, le mauvais sujet !... Prenez donc la peine de passer avenue Kléber, un de ces jours, après déjeuner : je vous ferai faire la connaissance de Georges. Je serai moi-même enchanté, Monsieur, de faire davantage la vôtre.

Et M. Cerdille ne quitta pas le couple sans avoir accordé sa poignée de main la plus chaleureuse au monsieur et son baise-main le plus « dix-huitième » à la dame.

Il était enchanté, cet homme ! Pensez donc : ce Georges, ce fils auquel il reprochait si sévèrement un mois plus tôt sa nullité et son désœuvrement, était devenu du jour au lendemain une sorte de personnage, flatteusement cité par les grands journaux, un « jeune et brillant poète » dont s'entretenaient... qui? Ses amis, ses connaissances, les gens du métier?... Non : une cocotte et son gigolo en promenade au Bois !... Ça c'était la gloire, la vraie gloire, une gloire dont M. Cerdille se sentait lui-même tout illuminé. Sur-le-champ, il éprouva un immense désir de se retrouver en face de Georges comme pour jouir plus complètement de l'orgueil et de la reconnaissance qu'un tel enfant lui inspirait.

**

Bien que midi fût proche lorsqu'il entra chez lui, il demeura quelques minutes hésitant devant la porte de son fils. Joseph, le valet de chambre, lui avait dit que M. Georges n'avait pas encore réclamé ses services. C'était un domestique médiocre, mais qui, tout dévoué et attaché de longue date aux Cerdille, avait acquis à l'ancienneté le privilège du franc-parler.

— M. Georges est rentré autant vaut dire au petit jour, — confia-t-il à son maître ; — mais, si Monsieur m'en croit, Monsieur ne le grondera pas. Il faut bien que jeunesse se passe, pas vrai?

— S'il vous plaît, mon bon Joseph, est-ce vous ou moi que ces questions regardent?

M. Cerdille, en vérité, pensait bien à gronder son fils !... Sans doute, quand celui-ci, jadis, apportait à ne pas quitter sa chambre avant midi bien sonné une ténacité digne d'un meilleur usage, le papa, toujours matinal, avait pu parfois montrer les dents... Mais, à présent, se coucher tard, se montrer partout, courir les soirées, les théâtres, les endroits où l'on soupe, c'était son métier, à ce pauvre gosse ! Il avait bien le droit d'engraisser à l'extrême ses matinées, et l'on eût été mal venu à parler de paresse où il n'y avait que la noble fatigue d'un travailleur conscient de ses devoirs.

Tout en tirant sa montre de sa poche, M. Cerdille frappa trois coups à la porte. Pas de réponse. Il entra, quand même, en gardant sa montre à la main ; cela lui permettrait de s'excuser en invoquant l'heure tardive et une légère inquiétude, si son intrusion était accueillie sans enthousiasme.

Le petit dormait encore, un bras replié sous la tête, les cheveux aussi gentiment ébouriffés que s'ils l'eussent été à dessein, la bouche entr'ouverte, semblable à certaines jolies femmes que la coquetterie n'abandonne même pas durant le sommeil. M. Cerdille demeura comme en extase, souriant à la pensée que le monde lui était redevable d'un être à ce point digne d'admiration... Ah ! le sacré gamin, il n'avait pas que son talent pour lui ! Ce qu'il devait plaire aux femmes, avec une pareille figure !... Et celui qui avait tout à l'heure éprouvé tant de joie en se rendant compte qu'il restait toujours le séduisant Cerdo de ces dames, connut en cette minute une volupté plus douce encore, tandis qu'il ne pensait pas, pour la première fois de son existence, à envier les bonnes fortunes qui pouvaient échoir à un autre que lui.

Son fils était un poète ! Mais qu'est-ce, je vous prie, qu'un poète sans amour?... Il fallait à présent à Georges des aventures dignes de lui, des aventures retentissantes... Cela aussi faisait partie de son métier !... Et l'on conçoit que la question intéressait doublement M. Cerdille, d'abord en tant que père soucieux de l'avenir de son fils, ensuite parce qu'il possédait lui-même en la matière une expérience dont il avait le droit d'être fier.

— Hé ! mon petit, il faut te lever : bientôt une heure.

Georges poussa quelques faibles gémissements, fit un demi-tour sur lui-même, et enfouit sa tête sous les draps, pareil à un naufragé à bout de force que la vague, un instant, balance, puis engloutit.

— Sapristi ! il est tard, entends-tu?... Très tard.

— Joseph, la barbe !

— Ce n'est pas Joseph qui te parle... C'est moi !

— Toi, père?... Ah ! tu sais, je suis archiclaqué... incapable de faire un pas... Et puis, je te ferais attendre. Excuse-moi : tu repasseras demain...

M. Cerdille, surtout depuis que son fils lui apparaissait comme une célébrité naissante eût été ravi de le montrer, de l'emmener avec lui dans ses promenades du matin ; et il venait souvent éveiller Georges dans l'espoir que celui-ci, pour une fois, serait prêt et disposé à le suivre.

— Mais non, voyons. Je te répète qu'il est très tard. Je ne sors pas, je rentre... Passe un pyjama et viens déjeuner ; pour aujourd'hui j'autorise cette tenue, nous serons seuls... Ta mère préfère rester dans sa chambre... Ce beau soleil l'agace, comme à l'ordinaire. Ah ! le printemps ne lui réussit pas !

— On ne pourrait pas en dire autant de toi, père. Vrai, tu es épatant, aujourd'hui.

— Toi, sale flatteur, je te vois venir : tu as quelque chose à me demander...

— Ah ! pour ça, non, je te jure !

****

Mais soudain, se ravisant :
— Tout de même, — implora Georges, — si tu me permettais d'appeler Joseph... pour me faire servir ici deux œufs à la coque... Je suis tellement fatigué !
— Quel mufle !... Ma parole, il me laisserait déjeuner tout seul... Non, mon vieux !... Et, du reste, je tiens à causer un peu avec toi... oui, amicalement, d'homme à homme...

L'enfant dormait un bras replié sous la tête.

Alors, Georges sursauta et s'assit sur son lit, tout à fait réveillé par une soudaine inquiétude. Il considérait toujours comme fâcheux que son père manifestât l'intention d'avoir un entretien particulier avec lui. Avoir besoin de parler à quelqu'un, c'est chercher à obtenir de lui quelque chose. A la dérobée, Georges observa son père. Celui-ci était visiblement d'humeur charmante ; le petit n'en fut pas plus fier pour cela et soupira profondément : il connaissait son bon cœur ; lorsqu'on lui donnait gentiment un conseil, il préférait neuf fois sur dix la peine d'en tenir compte à la peine de faire de la peine au conseilleur. Or, quelle était la nouvelle lubie de son père ?

Dès les œufs brouillés, M. Certille, s'étant frotté les mains, tira de sa poche et tendit à Georges *le Barbier* du jour :
— Tiens, lis... Deuxième page, en haut de la troisième colonne... Hein ? Ça marche, mon petit, ça marche ! Tu vois que je n'ai pas eu tort de t'obliger à faire quelque chose dans la vie... Je suis content, très content de moi et de toi !

Georges, après avoir jeté un coup d'œil sur le journal, le posa sur la table avec une légère moue. Mais, si philosophe ou indolent que soit un jeune homme, il ne saurait pourtant rester insensible aux louanges, ni même, quand on lui en jette à la tête, dissimuler complètement son plaisir. Pour permettre à son visage de se rembrunir d'une manière qu'il jugeait décente, le poète eut besoin de penser que son père se déclarait content de lui : précautions oratoires !... La tuile qu'il pressentait branlante au-dessus de sa tête n'en serait que plus grosse et plus vigoureusement envoyée.
— Et qu'est-ce que tu as fait de beau ou de bon, hier soir ? Raconte !
— Hier soir ? J'ai dîné chez les Moltz. Dîner intime ; nous n'étions guère qu'une trentaine.
— Tu connaissais les Moltz ?
— Non. J'ai rencontré leur fille Lisbeth chez Mme d'Estange. C'est Lisbeth qui m'avait invité... D'ailleurs, j'ai dû filer de bonne heure, parce que Mme de Jaserin m'avait offert une place dans sa loge pour la première de *Ta Gueule*... la revue, tu sais ?... Imagine-toi que Mme de Jaserin ne s'est pas reconnue, dans une scène où elle danse, sous le nom de maman Babillard, la valse chaloupée en compagnie de la môme Perroquet... Frigga Papagus, si tu préfères.. Mais celle-ci, qui était aussi dans la loge, faisait une de ses têtes !...
— Tu n'as pas dû t'embêter. Et après ?
— Après, on avait décidé d'aller souper en bande, à l'Abbaye. Même que les jeunes filles n'étaient pas contentes parce que leurs mères ne voulaient pas les emmener là-haut... On les a expédiées en taxi chez les Jaserin où Némorine, comme compensation, avait obtenu l'autorisation de servir un souper blanc à ses amis des deux sexes.
— Comment ? Les jeunes filles avaient assisté à la première de *Ta Gueule* ?
— L'auteur est un homme du monde.
— Et toi, tu es allé au souper blanc ou à l'autre ?
— Aux deux. Tortorel m'a traîné partout.
— Bravo ! Et le programme d'aujourd'hui ?
— Aujourd'hui, il y a une conférence de

Séraphin Magistre sur *les Bottiers de Musset ;* il paraît que ce sera passionnant. Ensuite, un dîner à Bellevue : Mme d'Egrotan y lira quelques pages de son dernier roman. Enfin, une soirée chez les Rombier, où l'abbé Ercole Tempestini doit chanter des vers de Mme Rombier mis en musique et traduits par lui en italien... J'irai peut-être à la conférence, mais, pour le reste, je me défile...

— Non ?

— Si. J'en ai un peu par-dessus les cheveux. J'aime bien à me lever tard, mais à la condition de me coucher quand même de bonne heure.

— A ton âge !

— A mon âge. Et ce que tu dis là prouve simplement que tu es plus jeune que ton fils !

Il y eut un silence, tandis que Joseph apportait des côtelettes. Mais Joseph n'était que le prétexte de ce silence. M. Cerdille savourait la flatterie de son fils sans toutefois perdre de vue ce qu'il croyait avoir à lui dire. Georges continuait à se tenir sur la défensive.

— Mon enfant, — reprit son père, — tu te plains de ce que la mariée est trop belle. En vérité, je ne te comprends pas... Ah ! si j'étais à ta place, si j'avais eu comme toi la vocation littéraire... et ton talent...

— Mon talent ?

— Pas de fausse modestie. Tu as du talent ; il n'y a pas à revenir là-dessus. D'abord, c'est écrit en toutes lettres dans le médaillon que *l'Universel* t'a consacré l'autre jour...

— Tu sais bien, père, que c'est Jean Fabiac qui a écrit ce médaillon, et que c'est toi qui...

— ...Et que c'est moi qui ai payé la note. C'est entendu. Mais, qu'est-ce que cela prouve ? On paie pour des articles de ce genre parce que c'est l'usage ; seulement, je n'en reste pas moins persuadé que ces Messieurs de la Direction, dans un journal sérieux et qui se respecte, n'accepteraient à aucun prix d'imprimer des louanges qu'ils ne jugeraient pas méritées.

Ici, il conviendrait de ne pas oublier que Georges Cerdille avait vingt-trois ans et qu'il ignorait tout de la vie littéraire un mois plus tôt.

— Au fait, — répondit-il sans la moindre ironie, tu as peut-être raison. En tout cas, j'ai rencontré pas mal de gens qui, sur ce point, pensent comme toi... Ainsi Frigga Papagus me disait...

— Tu vois bien !... Et le directeur du *Minotaure*, est-ce qu'il n'est pas venu te supplier de lui donner ton sonnet pour son prochain numéro ?... Un gentil garçon du reste. Je lui ai pris dix abonnements sur papier de luxe... Excellente affaire ! Il paraît que ça vaudra très cher dans quelque temps... Et tu n'as pas à te plaindre de ta collaboration, je pense ? Il te l'a payée, et payée d'avance... un franc le vers !

— C'est vrai.

— Ah !... Et ce matin encore, un journaliste m'a demandé d'intercéder auprès de toi pour une interview... Oui, je te conterai ça plus tard !... La gloire, je te dis : la gloire !... Et tu dois croire à ton talent, tu entends ? Le contraire serait idiot, criminel presque... Même, à vrai dire, pour obtenir du jour au lendemain une réputation comme la tienne, il faut posséder un talent extraordinaire, un talent qui s'impose... Vois des gens comme Malfilâtre, Gilbert, Verlaine... Ils avaient du talent, eux aussi, que diable !... Et pourtant, on ne les a pas connus du jour au lendemain.

— Pour ça, — déclara modestement Georges, — tout le monde est très gentil pour moi.

— Ah ! veinard, — s'exclama M. Cerdille en faisant craquer entre ses doigts un havane aussi roux et enrubanné d'or qu'une coiffure féminine à la mode, — veinard qui ne connais pas ton bonheur, ou plutôt nigaud, qui crois de ta dignité de bougonner quand les plus jolies femmes du monde littéraire recherchent ta présence à leurs fêtes... Voyons, causons sérieusement ; je suis un vieux camarade, moi, et je peux, surtout quand il s'agit de ton avenir, de ton bonheur, te poser quelques questions, te donner certains conseils, même... Un poète comme toi, ça doit être le béguin de toutes nos muses ?... Y a-t-il de jolies femmes ; dans les milieux Jaserin, Papagus et consorts ?... Ah ça ! parleras-tu ? Est-ce que je t'intimide ?...

Tout de même, le petit prit un temps. Il croyait comprendre et désirait réfléchir avant de répondre.

Son père tenait sans doute à le mettre en garde contre les dangers d'une liaison irréfléchie. La bonne blague !... Dans ce cas, tout s'arrangerait mieux que Georges ne l'avait supposé, car il lui serait facile, avec l'aide de la sincérité, de persuader bien vite à M. Cerdille qu'aucune des belles dames qu'il rencontrait journellement ne lui inspirait le désir de commettre des folies en leur honneur.

— Jolies ?... Mon Dieu, père, c'est comme partout... Il y en a, sinon pour tous les goûts, du moins de tous les genres.

— Et... aucune ne t'a plu... particulièrement ?

Georges, désireux de concilier une conviction sincère avec le désir de rassurer son père sans plus tarder laissa entendre qu'il trouvait Mlle de Berberolles charmante.

Alors, contre toute attente, M. Cerdille roula des yeux terribles et leva les bras au ciel :

— Ah ! celle-ci, par exemple, elle est forte !... Voyez-moi ce blancbec, qui ne s'occupe que des jeunes filles, qui pense peut-être au mariage !... Hein ?... Et tu t'imagines que je gobe ça ?... et que je t'autorise à t'offrir ma tête ?...

— Mais...

— Assez ! De deux choses l'une : ou tu es un imbécile qui ne comprends pas, ou bien un sournois qui ne veux pas me comprendre... un mauvais fils qui se méfie de son père !... Il me semble pourtant que j'ai tenu ma promesse de te parler d'homme à homme, en camarade ! Eh bien, puisque tu m'y obliges, je vais te mettre les points sur les i : As-tu une maîtresse, oui ou non ?

— Mais oui, — balbutia Georges interloqué.

— Bien. Je ne te demande pas son nom. Tu dois connaître tes devoirs de galant homme et ce n'est pas moi qui t'y ferai manquer. Un mot seulement : quelle est la situation sociale de ta maîtresse ?

Cette fois, plus de doute !... Du reste, que M. Cerdille eût une terreur profonde des femmes du monde, son énervement quand il parlait d'elles semblait suffire à le prouver... Le pauvre homme !... Qui sait ? il avait peut-être laissé quelques-unes de ses illusions dans une récente aventure avec une belle madame. Pitoyable, Georges se résolut à le tranquilliser définitivement.

— Je t'en prie, ne t'affole pas ! Ma maîtresse est une actrice, là !... Noémi Langh, des *Fantaisies-Françaises*... Tu la connais, peut-être ?... Mais quelle figure tu fais !... Une actrice, je te dis, une petite actrice, bien tranquille, bien sage...

— Ça y est ! j'aurais dû m'en douter ; écoutez-le, — vociféra M. Cerdille, qui se leva comme pour haranguer un public imaginaire ; — une actrice ! Une petite actrice bien sage !... Comme un potache ou un sénateur !... Non, je ne la connais pas, ta Noémi Langh, et personne ne la connaît, du reste !... Ah ! la jeunesse d'aujourd'hui !... Dis donc, tant que tu y étais tu pouvais arrêter ton choix sur une midinette, ou sur la femme de chambre de ta mère !... Et allez donc !... Jenny l'ouvrière, une chaumière et un cœur, l'idylle avec balades à la campagne, baisers sous les branches, absorptions de fritures au bord de la Seine... nez à nez, bec à bec !... C'est donc à ça qu'elle te sert, chaque jour, ta 20 HP ? Et c'est à des numéros de ce genre que tu feras les honneurs de ta garçonnière quand elle sera prête ?

Georges, abruti par la tuile, — qu'il attendait, certes, mais qui venait de tomber de manière si imprévue, — se trouva incapable d'articuler une parole.

— Actrice ! Elle est actrice, — reprit M. Cerdille dans un grand geste désespéré et furieux. — Et elle ne s'appelle pas Sarah Bernhardt, n'est-ce pas ?... ou la Duse ?... Non ? Alors, fiche-moi la paix ! Tu ne comprends donc pas, malheureux, que, dans l'existence que tu as choisie, dans ta situation, ce qu'il te faut, c'est une maîtresse considérable, une femme ayant son portrait et son nom dans les journaux, et attirant les regards sur toi parce qu'ils sont déjà fixés sur elle ?... Les amours illustres, il n'y a rien comme ça pour poser un artiste... Tiens, vois Musset... sans George Sand, est-ce qu'on parlerait encore de lui à l'heure qu'il est ?... Et puis tu m'agaces : pourquoi cette figure d'enterrement ? Est-ce que je ne te laisse pas le choix ? Et tu ne me feras pas croire que parmi toutes les femmes célèbres que la France a l'honneur de posséder en ce moment, il n'y en a pas une qui soit digne de te plaire... Allons ! tâche de tenir compte de mes conseils. Tu es assez bien de ta personne pour avoir de très grandes prétentions... Et je ne regarderai pas au prix, du reste... C'est compris ? Tu peux te retirer.

— Merci, père. Je commençais à avoir une de ces migraines !

— Va la soigner. Et reconnais que j'ai raison.

— Je ne dis pas le contraire.

— C'est encore heureux ! — grommela M. Cerdille dans sa moustache, quand Georges eut passé la porte ; — mais il n'a pas l'air très convaincu... Le sale gosse ! S'il n'y avait à compter que sur lui, quand il s'agit de sa carrière... Je vais aller voir Torterel.

V

LE PETIT CŒUR DE NONO

Torterel, en ceci semblable à Clément Marot, possédait un valet de Gascogne. Ce personnage répondait au nom de Fortuné. Ce fut lui qui ouvrit par hasard la porte à M. Cerdille : par hasard, car, durant de longues périodes, et notamment lorsqu'il venait de toucher ses gages, ce qui lui arrivait en somme assez régulièrement, Fortuné s'éclipsait sous prétexte d'aller visiter à Nogent ou au Vésinet (il n'était pas lui-même très fixé) une tante âgée et malade. Et, tandis qu'il jouait aux courses ou faisait de la débauche, Torterel en était réduit à ouvrir sa porte lui-même, s'il ne lui chantait pas de jouer les absents.

Mais Fortuné, qui se prétendait trop souvent le modèle des neveux, avait le mérite, lorsque ses poche étaient vides, de se montrer.

Au demeurant, le meilleur fils du monde

Il témoignait à son maître une affection et un dévouement où ce bon Feuillet eût trouvé matière à deux cents pages de copie. Torterel en avait même pris bonne note et proclamait qu'il ne chercherait pas un autre modèle que Fortuné, si jamais *le Barbier* lui commandait un roman où figurerait un serviteur modèle.

— Et il y aurait, sur son compte, des détails touchants à reproduire, — ajoutait Torterel ; — tenez : il me chipe mes cigares, bien entendu, comme ferait tout autre à sa place ; seulement, lui, il pleure de joie quand je lui en offre un...

Signalons du reste que la fidélité tout archaïque de Fortuné avait des raisons bien modernes. D'abord, il était très fier d'être attaché à la personne d'un romancier plein d'avenir, tant il est vrai que de nos jours les plus humbles et les plus simples eux-mêmes ne sauraient se désintéresser des Muses. Devant les fournisseurs respectueux, devant ses collègues éblouis, devant les petites bonnes aux visages émerveillés soudain, Fortuné lançait en se regorgeant des mots comme : « Nous autres, artistes... » Et puis, la place avait du charme : pas grand'chose à faire ; et le plaisir d'une inaction relative restait à Fortuné quand la légèreté de sa bourse lui interdisait d'autres joies. Or, quand le destin contraint un homme à prendre un métier, en peut-il rêver de plus précieux que celui qui, tout ensemble, flatte son amour-propre et ménage sa peine?... Le bon valet de chambre, ayant eu de la veine, s'offrait en outre le luxe d'être reconnaissant. Sa gratitude, il la prouvait à sa manière ; ainsi, il n'avait pas son pareil pour expédier les dames devenues encombrantes ou les créanciers intempestifs. Ce petit talent fort appréciable lui avait valu maintes fois les éloges de son maître. Mais il lui arrivait à présent, voulant se surpasser, de montrer une intransigeance qui obligeait Torterel, dès qu'on sonnait, à coller son oreille à une porte afin, de pouvoir rappeler tel visiteur utile ou agréable congédié par le farouche Gascon...

— Monsieur regrettera beaucoup, — dit Fortuné, — il vient de sortir à la minute...

Et comme M. Cerdille paraissait incrédule :

— Il est allé au Vésinet rendre visite à une tante qui est souffrante...

Ainsi Fortuné poussait le dévouement jusqu'à débarrasser son patron des fâcheux avec l'aide des *maîtres-mots* qui lui valaient, à lui, de si belles heures de liberté.

— Cependant, — insista M. Cerdille désolé, — le concierge m'affirmait tout à l'heure qu'il était là...

Et pour compenser par sa générosité l'affront qu'il infligeait au domestique en persistant à ne pas le croire :

— Tenez, mon ami, — continua-t-il, —

Noémi, une petite actrice bien sage.

prenez ceci et dites que c'est M. Cerdille...

En tirant discrètement le louis de sa poche, le visiteur avait fait retentir son nom dans le vestibule. Fortuné empocha l'argent avec plaisir, mais il n'en resta pas moins dans un grand embarras... En serviteur avisé, il prodigua des remerciements dont l'abondance lui permettait de réfléchir.

**

On imagine le désordre que peut présenter

vers trois heures de l'après-midi, un appartement de garçon, quand le maître de céans a cru devoir se faire accompagner, sur le tard de la nuit précédente, par une personne qui lui est chère. Celle-ci a commencé à se débarrasser, dès le cabinet de travail, de son chapeau et de quelques-unes de ses cheveux ; tout un jeu d'épingles est éparpillé çà et là ; il y a des bagues dans des cendriers ; un manteau de soirée a été jeté sur un rigide et sombre coffre de vieux chêne où sa couleur tendre semble au martyre ; et le buste de Dante supporte une bourse en or posée sur lui à la façon d'un scapulaire.

On a déjeuné très tard, en tenue négligée ; on savourait délicieusement la compagnie de la paresse, — la belle invitée des fêtes de ce genre !... Torterel humait un petit verre de vieille fine ; Nono, vautrée sur le divan, fumait une cigarette en faisant très classiquement danser une babouche au bout d'un petit pied nu, poli et rosé.

Et maintenant, après ce maudit coup de sonnette :

— Qui est-ce? Qui est-ce?... — interroge Nono anxieuse, après que Torterel s'est en silence approché de la porte.

— Le père de Geo... Chut ! Fortuné l'expédie.

Nono bondit, court vers Torterel :

— Il ne faut pas ! Tu veux donc me faire mourir d'inquiétude ?... Oh ! mon Dieu, pourvu qu'il ne soit rien arrivé, à ce pauvre petit !... Montre-toi vite !

Aussitôt, avec une légèreté et une rapidité de fée, Nono va, vient, tourbillonne en silence, rafle comme par enchantement ce qui lui appartient trop visiblement dans la pièce, — chapeau, bagues, manteau, cheveux, — et se dirige vers la porte de la chambre en murmurant, ravie d'elle-même :

— Tu peux y aller maintenant...

Torterel la rappelle d'un geste :

— Habille-toi vite. J'ai une idée, une idée excellente... Et peut-être t'appellerai-je.

— Une idée?... Tu m'appelleras?...

— Oui ; tu comprendras... Prête l'oreille !

— Bien, — fait Nono qui a toute confiance en Torterel, — mais commence par lui parler du petit ; je suis si inquiète !

Elle disparaît. Tout est bien ainsi : l'embarras savamment prolongé de Fortuné, dans le vestibule, leur aura fort opportunément permis ce rapide, mais indispensable entretien. Après quoi, Torterel jette un dernier coup d'œil autour de lui et se précipite :

— Ah ! par exemple, cher monsieur, vous avez eu bien raison de prononcer votre nom ! Excusez mon domestique, il avait des ordres formels.

— C'est moi, qui vous fais toutes mes excuses, — réplique M. Cerdille qu'enchantent les résultats de sa générosité astucieuse ; — en vérité j'ai forcé votre porte.

— Entrez donc, je vous en prie. Rien de grave, n'est-ce pas?

— Rien de grave. Seulement, j'apprécie tellement votre amitié pour Georges et votre clairvoyance en ce qui concerne sa carrière que, lorsque j'éprouve à son sujet la moindre inquiétude, il me vient aussitôt un grand besoin de causer avec vous... Ça vous promet du bonheur hein?

— Voyons ! enchanté... Asseyez-vous. Permettez-moi de vous offrir un cigare... Tenez, celui-ci, je vous le recommande... Un petit verre?...

— Oh ! vraiment...

— Si, la fine de la maison.

M. Cerdille se laisse tenter. Dans son âme une grande paix a succédé soudain à son énervement de tout à l'heure ; il prévoit qu'il partira, quoi qu'il advienne, réconforté et rassuré... Dès lors il a tout le temps pour exposer les motifs de sa venue ; aussi se promène-t-il dans la pièce, en adressant des compliments d'une évidente sincérité aux bibelots, au cigare et à la vieille fine de son hôte. Soudain il tombe en arrêt devant la bourse d'or oubliée sur la poitrine de Dante :

— Oh ! Qu'est-ce que je vois? Mon cher ami, je suis navré : je vous dérange plus encore que je ne le supposais... Moi qui vous croyais tout bonnement en train de travailler !... Voulez-vous que je repasse? Ou que nous nous retrouvions quelque part tout à l'heure ?

Déjà, il tend la main vers son chapeau. Torterel proteste :

— Quelle idée?... Ah ! j'y suis !... c'est cette bourse qui vous fait croire... Mais non ! vous partagez l'erreur que Fortuné commettait en vous arrêtant à la porte : toutes les fois qu'une femme pénètre chez moi, surtout si elle se met à l'aise, il s'imagine aussitôt que c'est pour...

— Dame !

— Eh bien non ! — dit Torterel qui rit et qui élève la voix comme par hasard : — je travaillais tout de même, ne vous déplaise, à ma comédie prochaine... Oui, je travaillais avec une de mes interprètes, une jeune et jolie personne, certes, mais une bonne camarade, sans plus.

— Comment peut-on, — soupire M. Cerdille, — se contenter d'être le camarade d'une interprète jeune et jolie?

— Le métier, l'habitude...

— Il est vrai que vous autres, artistes... — concède M. Cerdille qui décidément pense et parle comme Fortuné...

— Et puis, — reprend Tortorel en souriant assez énigmatiquement, — il y a une raison excellente, une raison sacrée, auraient dit nos pères, pour que l'artiste en question soit uniquement mon amie.

— Ah ! en vérité ?

Mais M. Cerdille n'insiste pas, car il s'intéresse bien davantage à la méthode de composition dramatique que Tortorel lui donne comme ayant de tout temps été la sienne et qu'il lui expose avec une maestria qui témoigne d'une merveilleuse faculté d'improvisation : un écrivain, dès qu'il s'occupe de théâtre, ne doit plus se contenter d'écrire ce qui lui passe par la tête comme un vulgaire romancier... A la vérité... il lui est presque impossible de travailler seul : ce serait une ambition chimérique... Aussi, après avoir nettement conçu le plan d'une pièce et précisé mentalement chaque rôle, il convoque, lui, Tortorel, ses principaux interprètes, afin d'étudier avec eux certaines répliques, certaines attitudes :

— Il ne faut pas coller des gestes aux mots, il faut coller des mots aux gestes, comprenez-vous ?... Ainsi, tenez, dans la scène que j'étudiais à votre arrivée, deux rivales se rencontrent chez l'homme qu'elles aiment ; et la favorite, pour accabler l'autre, déchire soudain son corsage, dévoile sa gorge et...

— Bigre !

— Oh ! Cette idée a beaucoup plu à Arnold Bernaby, le directeur des *Fantaisies-Françaises*. Car c'est pour Bernaby que je travaille...

— Dites donc, vous ne devez pas vous embêter, quand vous faites répéter cette scène à domicile !... Et alors c'est Bernaby qui vous joue ?

— Oui, à la rentrée, m'a-t-il dit.

— Ce n'est donc pas sûr ?

— Sait-on jamais ! Avec la concurrence de certains amateurs multi-millionnaires, nous autres, nous ne comptons plus guère. Mais, bah ! il n'est que de prendre patience...

— Cependant elle me semble très bien, votre comédie !

— N'exagérons rien. Evidemment, je crois qu'il y a, dans *Ma Poulette*, certaines idées intéressantes ; mais à mérite égal un directeur aime toujours mieux monter l'œuvre d'un auteur qui peut lui verser une garantie, en cas d'insuccès. Et, franchement, mettons-nous à la place des directeurs...

Nono se sauve, emportant sa robe et son manteau.

— Mon cher ami, vous avez l'indulgence des gens qui sont sûrs de leur valeur et de leur prochain succès. Et puis, rien que par ce que vous avez bien voulu m'en révéler, elle m'emballe, votre pièce !... Je connais Bernaby : me permettez-vous de passer chez lui et de lui remettre...

— Vous êtes le meilleur des amis ; mais si j'accepte votre proposition effrontément, sur-le-champ, et sans chercher à dissimuler ma joie, c'est que votre visite à Bernaby vous fournira une fois de plus l'occasion de vous montrer le meilleur des pères.

— Vous dites ?

— C'est un secret, un grand secret que

je vous confie : Georges a commencé un acte en vers qui contient des choses charmantes... Il voulait vous en faire la surprise ; aussi, je vous en conjure, ne lui en parlez pas encore ; il serait furieux contre moi, et il n'aurait pas tort... Eh bien ! je suis persuadé que cette petite pièce, jouée en même temps que la mienne, compléterait admirablement le programme... Et quel bonheur pour moi de partager l'affiche avec un ami, de voir *Ma Poulette* voisiner avec...

— Avec ?...

— Le titre n'est pas arrêté encore, — répond imperturbablement Torterel.

— Mais croyez-vous que ce flémard de Georges sera prêt à l'heure ?

— On y veillera. Je le pousserai, je l'aiderai... De ce côté là, rien à craindre !

— Ah ! vous êtes sa providence ! — s'exclame M. Cerdille profondément ému.

Torterel proteste avec modestie et ajoute :

— En tout cas, ce rôle qui a toujours été agréable devient de plus en plus facile. Georges prend goût au métier. D'abord, vous avez pu vous en rendre compte, on apprécie son talent, et ceci ne le laisse plus insensible, je vous prie de le croire ! Si vous l'aviez vu, l'autre jour, quand *le Furet*, une petite revue rosse, blaguait quelques-uns de ses vers !... Ma parole, il voulait tout casser, y compris la figure du critique ! Voilà qui le sacre définitivement poète : *genus irritabile vatum* !... Désormais, aucune de vos inquiétudes ne me paraîtra guère inquiétante... pas même celle qui vous amène ici...

— C'est vrai ! j'avais oublié ! — s'écrie M. Cerdille.

Il avait oublié... Et peut-être, sur le moment, eût-il préféré que son interlocuteur ne s'avisât pas de lui rafraîchir la mémoire. Il venait soudain de se rendre compte qu'il lui serait très difficile d'exprimer sa pensée convenablement. Certes, il estimait qu'un père a parfois le droit et même le devoir d'insinuer à son fils qu'un certain genre de maîtresses lui serait plus profitable qu'un autre. Mais aller, en pareil cas, demander aide et conseils à un tiers, le prier même d'entrer en scène pour mener à bonne fin l'aventure, voilà qui est autrement scabreux !... Et ce cher Torterel, si intelligent, si délicat, ne s'offusquerait-il pas d'une telle démarche ? Et, si indulgent qu'il fût, n'estimerait-il pas qu'on abusait singulièrement de sa complaisance ?... Mais M. Cerdille ne savait plus renoncer aux préoccupations qui lui avaient, un instant, paru importantes, quand, après en avoir été distrait d'une manière ou d'une autre, il devenait victime d'un malencontreux hasard qui les lui rappelait tout à coup.

C'est pourquoi, semblable à Gribouille affolé par la pluie, il se jeta brusquement à l'eau, pataugea un instant... et reconquit quelque assurance... Car, en face de lui, Torterel, souriant et paisible, semblait trouver son discours des plus naturels ; bientôt même il approuva du geste, puis de la voix : M. Cerdille estimait qu'une liaison avec une femme en vue ou, au pis aller, avec une femme voyante, attirerait utilement l'attention sur son fils ?... Mais parbleu !... — Georges, avait-il vraiment du succès auprès de ces Dames de Lettres ? Comment donc ! Il n'avait qu'à lancer son mouchoir à celle qui lui plairait, ce sultan en herbe !... — Et, parmi tant de sultanes, quelle était celle dont il devait, pour commencer, briguer les faveurs ?... Oh ! pour cela, mon Dieu ! Torterel en voyait des tas qui feraient parfaitement l'affaire : une telle, et telle autre, et Mme Rombier, et Frigga Papagus...

M. Cerdille tiqua sur ce dernier nom :

— Frigga Papagus, à qui un numéro du *Bonheur des Dames* vient d'être presque entièrement consacré ?... La poétesse dont ce magazine reproduit en première page une photographie sensationnelle ?... Oui, dans son salon, au-dessous d'un buste d'Homère, et entourée de ses phoques apprivoisés... Diable ! Voilà qui serait fameux pour Georges !... Réellement vous croyez que...

— Je crois qu'il ne tient qu'à nous... et à lui...

— Ah ! vraiment, j'aime mieux ça ! — s'écria l'heureux père.

— Mieux ça... que quoi ? — interrogea Torterel dont le visage perdit instantanément sa souriante placidité.

— Comment ? Vous ignoriez la liaison de Georges ? Mais moi, mon cher, il y a des siècles que je suis au courant !... Oui, ce sacré gamin perdait son temps avec une petite cabotine de rien du tout... qui s'appelle... attendez donc : Noémi... Noémi...

— Noémi Langh, — articula suavement Nono, qui venait d'ouvrir sans bruit la porte de la chambre.

*
* *

Torterel devint pâle. M. Cerdille devint blême. Torterel se disait : « Cette Nono, qui depuis les ans que je la connais m'est toujours apparue comme une amie si dévouée, si intelligente, si gentiment soucieuse de mes intérêts et des siens !... Cette Nono ! venir détruire de gaîté de cœur une affaire amorcée par moi avec tant d'adresse !... Se couler et me couler dans l'esprit d'un charmant homme qui était ravi de faire jouer ma pièce, — ma pièce où Nono elle-même, la malheureuse, aurait eu un rôle si beau !... C'est un désastre pour elle comme pour moi ! Et tout cela à cause d'un caprice de femme vexée qui n'a pas su rester tranquille au bon moment, qui a tenu à faire son effet, dût-elle, une seconde plus tard, se montrer ridicule !... » M. Cerdille se disait : « C'est du propre ! Une belle gaffe !... Je dérange un garçon en tous points exquis, qui a de plus le mérite de m'être indispensable... Et pourquoi, Seigneur ?... Pour insulter, chez lui, une de ses interprètes, au moment même où il allait se mettre en quatre afin de me rendre un nouveau service ! Sans nul doute, je le vexe lui-même cruellement, car s'il a concédé à Mlle Noémi Laugh un rôle dans sa pièce, c'est qu'il lui trouve du talent... et une belle gorge... ! Mon vieux Cerdo, quelle aventure pour toi que l'on considérait jusqu'à ce jour comme le plus galant homme de Paris !... »

Quant à Nono, elle souriait, sans ironie, sans amertume, le plus naturellement du monde... Ah ! si Torterel avait tout de suite remarqué ce sourire, il n'aurait pas, pour la première fois de sa vie, douté de Nono ; il se serait rappelé qu'il n'avait jamais eu qu'à se louer des décisions et même des impulsions irréfléchies de cette jolie créature ingénieuse et sensible, honnête et tendre... Aussi lui suffit-il de la regarder un instant pour retrouver un peu de courage : « Nous verrons bien, laissons-la venir » pensa-t-il !... Car Nono se disposait visiblement à prononcer quelques paroles... Et, dès qu'elle eut ouvert la bouche, il se sentit tout à fait rassuré.

— Il ne faut pas m'en vouloir, mon vieux Torterel, — disait Nono... — Et vous, monsieur, excusez, je vous en supplie, mon entrée trop sensationnelle pour n'être pas inconvenante. Que voulez-vous ? J'ai entendu malgré moi votre conversation, et j'étais tellement de votre avis que je n'ai pu résister au plaisir de venir avec vous faire chorus. Oui, il faut que Georges ait au plus vite une illustre et belle maîtresse... Ne roulez pas ces yeux incrédules, Monsieur : je parle du fond de mon âme, et mon vieux camarade Torterel, bien qu'il soit furieux contre moi, vous affirmera que ce que je vous dis là est sincère... Il vous racontera comment j'aime Georges... Georges n'est pas mon amant, mais mon bébé, mon enfant chéri, comprenez-vous ?... En sorte que vos vœux et les miens, quand il s'agit de lui, doivent bien souvent se confondre... Là... Êtes-vous content ?... Et tenez, voici, je suppose, de quoi vous rassurer tout à fait sur mes intentions : si vous aviez voulu, en ce moment, me séparer de Georges, vous opposer à ce que je le voie, à ce que je m'occupe de lui, je vous aurais tout simplement répondu : Des nèfles ! vous pouvez repasser, Monsieur son père !... Mais il n'est pas question de cela, il n'est question que de son avenir, de sa carrière, de son bonheur... Et, maintenant, j'ai le droit de vous dire que si je viens d'être jalouse et furieuse, c'est uniquement, affreux égoïstes, parce que vous sembliez me tenir à l'écart, tandis que vous travailliez tous les deux pour lui...

— Mademoiselle, comment vous exprimer ?... — balbutia M. Cerdille au comble de l'étonnement, de la reconnaissance.

— Laissez donc ! C'est moi qui serai trop heureuse si le papa de mon gosse veut bien m'accorder quelque amitié !

— Moi ?... Mais toute mon amitié ! tout mon dévouement !... Ah ! mon cher Torterel, elle est adorable, m'entendez-vous ? Adorable !... Et mon fils peut se dire favorisé du ciel ayant une amie, comme elle, un ami comme vous !

— ...Et un père comme le sien, — ajouta Nono en tendant sa petite main aux baisers de M. Cerdille.

Ensuite ?... Ensuite, ce fut un véritable feu d'artifice de sympathie, et la fête se termina, dans les yeux de ceux qui se la donnaient à eux-mêmes, par une illumination éblouissante de contentement et de bonheur. M. Cerdille voulait aller sur-le-champ trouver Bernaby, afin d'assurer le destin d'une pièce qui devait faire retentir aux quatre coins du ciel parisien les noms d'un talentueux auteur et d'une admirable artiste, entièrement dévoués à son fils admirable et talentueux... On lui expliqua qu'il valait mieux, tout d'abord, écrire au directeur pour prendre rendez-vous.. Il s'y résigna et rédigea un bleu sous la dictée de Torterel ; mais comme compensation, il fit promettre à Nono, devant témoin, de faire bon accueil à un souvenir, — oh ! peu de chose, un rien !... — qu'il irait, le soir même, commander chez son bijoutier. Finalement, il sollicita et obtint de sa nouvelle amie, qui parlait de partir, la faveur de la reconduire jusqu'à sa porte.

— A une condition, — fit pourtant Nono, — c'est que vous acceptiez une tasse de thé chez moi.

— J'en serai ravi... Mais si mon fils arrive ?

— Vous filerez par l'escalier de service !... Que voulez-vous, mon cher beau-père, vous êtes assez jeune pour cela !...

Or, à peine Nono et M. Cerdille venaient-ils de se retirer, que Torterel vit apparaître Fortuné revêtu de ses plus beaux atours. Il tenait obstinément un de ses doigts calé dans son gousset, comme pour s'assurer qu'il

✱✱✱✱

ne rêvait pas, qu'il avait bel et bien de la bonne galette dans sa profonde.

Torterel devina tout de suite ce qui s'était passé et l'état d'âme de son domestique :

— Oui, oui, mon vieux Fortuné, je suis informé !... Votre tante vient subitement de piquer une nouvelle crise ?... Allez donc la soigner au plus tôt... Tenez, acceptez un cigare, deux cigares, trois cigares !... Et ne pleurez donc pas comme un veau, mon bon ami... Mais, par exemple, à l'avenir n'oubliez pas qu'on n'a jamais le droit d'être absent, fût-ce pour se rendre au chevet d'une tante âgée et malade, quand c'est M. Cerdille qui sonne... Vous le savez à présent aussi bien que moi : lorsqu'un tel homme consent à franchir une porte, c'est du bonheur pour toute la maison.

VI

EXTRAITS DES
MÉMOIRES D'UNE POÉTESSE

> Créature humaine radieusement jetée en ce monde, si le sort ne voulut pas de toi dans le royaume des mâles, ne considère pourtant pas comme un pis-aller le sexe qui fut ton lot, mais fais-en ta joie, ton orgueil, et ta parure...
> NIETZSCHE (1)

Ecrit le premier jour du printemps. — Pour accueillir ton retour, Adonis, j'ai, dès mon réveil, ouvert toutes grandes mes fenêtres. Comme chaque année, il m'avait plu de t'attendre en ce château de Chantefontaine, où ton visage me plaît mieux que partout ailleurs... Me voici donc, au saut du lit, devant toi, frissonnante sous le linon transparent et les valenciennes arachnéennes de ma chemise ; me voici, ivre de ma jeunesse violente et tendre, sentant véritablement chanter en moi mon sang lumineux et salubre... Et je te crie, ô Visiteur divin, que jamais ma chair ni mon âme ne furent plus dignes d'être considérées par toi comme de glorieuses sœurs.

Printemps qui m'encensais de tes aromes, je t'ai souri. Je t'ai souri avec un peu de pitié et beaucoup de condescendance. N'ai-je pas, élevant mes bras dans ta lumière, des doigts plus délicats et plus rosés que les pistils de tes fleurs, plus de parfums sur moi que tes prairies n'en exhalent ?... Printemps qui n'es que le printemps, je suis plus le prin-

(1) Bien entendu, pour Mme Frigga Papagus comme pour la plupart des poétesses qui citent Nietzsche, Platon et autres confrères du même genre, on ne saurait garantir l'exactitude ni même l'authenticité des textes.

temps que toi !... Et, par un privilège merveilleux, j'incarne aussi l'été, et l'hiver, et l'automne ; car nul soleil de Messidor ne pourrait rivaliser de splendeur avec ma chevelure, qui est une couronne et une torche ; car nulle neige de Noël ne surpassa la blancheur de ma chair précieuse ; car nul fruit septembral n'eut la splendeur suave et dorée de mes seins.

O Printemps, je ne suis donc pas devant toi comme une prêtresse éblouie à l'apparition de son Dieu, mais comme une suzeraine accordant son salut à un vassal fidèle.

1er avril. — Reçu un bleu d'Emma Rombier : « Ma miraculeuse chérie, vous aurez demain la visite de Miss Nellice Walstone, la fille du milliardaire bien connu. Miss Walstone, qui possède une intelligence supérieure et une immense culture, s'occupe de journalisme avec passion ; elle opère pour le compte d'un très important périodique américain qu'elle a, du reste, fondé elle-même. Elle tenait à interviewer la plus illustre des poétesses françaises ; elle ignorait votre adresse ; je la lui ai donnée joyeusement... »

Emma Rombier regretterait-elle les mille petites vilenies dont elle s'est rendue coupable à mon égard ?... En tout cas, elle montre aujourd'hui quelque grandeur d'âme en reconnaissant son infériorité.

2 avril. — Sur le fin de l'après-midi, on m'a annoncé Miss Walstone. J'ai vu entrer une ravissante jeune femme, grande, souriante, avec des yeux de violette et une bouche un peu forte, mais agréablement dessinée. Miss Walstone comprend parfaitement notre langue, mais la parle d'une manière originale, brusque, presque choquante parfois, qui m'a obligée à deviner presque perpétuellement sa pensée véritable. Ceci, du reste, me fut un jeu délicieux !

A sa suite, son personnel a pénétré dans mon cabinet de travail :

— Mes deux secrétaires, mon sténo-dactylographe, mon photographe, — m'a dit l'Américaine en manière de présentation... — Oh ! j'allais oublier : ayez donc la courtoisie de faire servir à boire aux trois petits nègres que j'ai laissés à l'office : ce sont... comment vous dites, en français ?... mes grooms... Ils ont très soif, les pauvres chers garçons, et ils n'auront pas le temps d'aller au bar tout à l'heure, car, en vous quittant, je file droit à la gare, afin de pouvoir rejoindre au Havre le paquebot d'où j'expédierai, par la télégraphie sans fil, notre article au magazine que j'ai fondé.

J'ai sonné le maître d'hôtel :

— Du champagne pour mes nègres, — a ordonné Miss Walstone... — Et, maintenant, chère Madame, au travail... Mon journal n'attend pas de moi une interview... à la parisienne ; je tiens, surtout puisqu'il s'agit de vous, à lui donner un article de documentation sérieuse, rigoureuse, véritablement scientifique...

— Vous êtes charmante, Mademoiselle !
— Non. Pas charmante. Je m'occupe simplement de mon métier avec amour, science et respectabilité... S'il vous plaît, Madame, commencez par me parler de votre vie... Préparez le magnésium, Freddy ; Charly, installez la machine à écrire... Je vous écoute.

J'ai donc raconté ma vie, le plus modestement possible, puisqu'il est avéré que le monde, et même, hélas ! le Nouveau-Monde, exigent, pour employer l'expression de Nietzsche, « une rouille pudique sur l'armure accordée aux forts par l'orgueil »... J'ai dit comment ma mère, arrachée à son fjord norvégien par l'amour, suivit à Séville son mari, illustre historien allemand qui consacrait sa vie à l'étude de la civilisation sarrazine en Europe... C'est à Séville que je suis née... Le nom de mon père? Pourquoi l'aurais-je révélé à Miss Walstone, puisque l'historien à qui je dois le jour mourut peu de temps après ma naissance, maudit, du reste, et chassé par ma mère qu'il avait trompée avec le fils de l'alcade de Cordoue? Je n'ai parlé que de Joao da Costa, diplomate portugais, que ma mère épousa en secondes noces, et qui fut, lui, mon véritable père.

Dès ma plus tendre enfance, son roi lui confia un poste à Paris. J'ai dit à Miss Walstone comment Paris fut le creuset brûlant où se mêlèrent, — pour quel amalgame précieux ! — les dons que j'avais reçus d'une poétique ambiance et d'une hérédité prestigieusement diverse.

J'ai dit mon enfance éblouie, le sentiment précoce de la beauté de vivre qui, parfois, m'étreignait d'une ardeur si forte que j'en demeurais comme défaillante au milieu de mes jeux enfantins... J'ai dit mon adolescence extasiée, la villa qu'aux beaux jours nous habitions près de Versailles, — près de Versailles dont le parc royal fut comme le salon où la nature et moi apprîmes à nous connaître...

J'ai dit ma joie de distribuer des baisers aux fleurs, de mâcher l'herbe des prairies. Et je vous ai nommé aussi, vous, mon premier amour, grand chêne qui ombragiez notre demeure, grand chêne autour de qui je nouais mes bras si passionnément que votre rude écorce les meurtrissait :

Vous étiez le secret orgueilleux de mon cœur, ainsi que je l'ai écrit dans *les Nuits énervées*... Et quand, vers ma seizième année, mes amies ne parlaient déjà plus devant moi que de jeunes gens et de mariages possibles, je me taisais, isolée d'elles superbement : pouvais-je, moi, leur raconter alors que mon unique flirt était un arbre?

J'ai dit comment, un peu plus tard, dans un bal diplomatique, je sentis s'épanouir en

Frigga Papagus salue le printemps.

moi l'aurore de l'amour humain, à la vue d'un Oriental jeune, beau, fastueusement riche : le prince Ali-Baba Papagus ; comment une irrésistible confidence déborda de mon cœur vers l'élu ; comment celui-ci, au comble de l'extase, fit faire dès le lendemain une démarche officielle auprès de mes parents ; comment ceux-ci, sans craindre de profaner mon rêve, s'ingénièrent à m'expliquer que mon prétendant, en musulman fidèle, possédait sûrement déjà, dans son pays, quantité d'épouses... Ceci fut vain. O Amour invincible au combat, Joao da Costa, homme aimable, certes, mais assez cupide et terre à terre, dut lui-même capituler devant toi, trop heureux d'obtenir quelques concessions destinées à panser la blessure de sa défaite : le prince Papagus lui faisait obtenir la croix du Titi-Oupa, la lui remettait de sa main en grande cérémonie, enrichie de diamants illustres, consentait à ce que notre mariage, célébré au temple protestant et à l'ambassade portugaise, ne fût pas légitimé dans son pays ; et, néanmoins, fidèle aux principes de ses compatriotes, qui achètent leurs femmes à prix d'or, il m'offrait en échange de mon amour, cent mille francs de rentes en consolidés anglais et la seigneurie de Chantefontaine, perle de l'Ile-de-France.

J'ai dit la féerie de nos fiançailles, les bijoux dont il me couvrait comme une idole. J'ai dit, avec toute la délicatesse désirable, mes émois nuptiaux... Deux mois plus tard, le prince Papagus me quitta, rappelé par son souverain. Je ne l'ai plus revu. M'épargnant l'heure des fatales désillusions, le prince s'en est allé comme ses frères des légendes, qui disparaissent après avoir donné aux créatures élues la splendeur et la joie qu'elles pouvaient souhaiter. Le conte est fini !... Il n'en est rien demeuré que le souvenir divinisé dans mon âme, les rentes que je touche à dates fixes, et le château de Chantefontaine cher à mes belles mélancolies.

— S'il vous plaît, — m'a demandé alors Miss Walstone, — à quel âge et dans quelles circonstances avez-vous commencé à écrire des vers?

— Oh ! récemment... Le succès m'est venu tout de suite... C'était il y a deux ans, dans ce salon même où vous vous disposez à consacrer ma gloire ; le poète Jack-Antonio Pié, qui se trouvait là, me dit soudain, tandis que ma silhouette se découpait sur l'or ou dans le cadre de la fenêtre : « Divine amie, avec vos hanches arrondies si harmonieusement, vous évoquez pour moi l'image d'une grande lyre !» Paroles magiques, qui soulevèrent soudain un ouragan lyrique sommeillant en moi !... J'étais une lyre qui s'ignorait. Depuis, elle a sonné haut et clair.

— Vous plaît-il encore, — a cru devoir ajouter Miss Walstone, — de me parler de vos amours subséquentes, s'il y a lieu?

— Hélas, — ai-je répondu en me levant, un peu étonné de tant d'indiscrétion naïve, — vous parler des amours que j'ai pu éprouver, ce serait vous entraîner dans l'infini des rêves... et l'heure de votre train est proche.

Miss Walstone a souri, non sans une certaine grâce.

— Me permettez-vous d'étudier vos paupières? — m'a-t-elle simplement demandé en m'entraînant vers le balcon.

Oh ! l'audace ingénue des journalistes nouveau-modèles !... Je me suis prêtée à l'examen quasi-médical de cette jeune barbare, qui pensait sans doute deviner de la sorte le secret par lequel mes yeux reflètent le monde si merveilleusement.

Ensuite, m'ayant lu le texte sténographié de notre entretien :

— Veuillez, — m'a-t-elle dit, — certifier l'exactitude de tout ceci, signer et dater... Il nous arrive beaucoup d'ennuis dans notre métier, et mon devoir m'oblige à prendre certaines précautions... Excusez-moi, s'il vous plaît, chère Madame.

— Mais comment donc !

3 avril. — Hier, chez Mme de Jascrin, m'a été présenté le poète Georges Cerdille. Torterel m'a renseigné sur lui et sur ses œuvres. Il paraît que ce jeune homme, — cet enfant pourrait-on dire, — est tout simplement un des plus purs artistes de notre époque ; qu'il a travaillé jusqu'ici à l'écart et dans le silence ; qu'il est plein de scrupules exquis et que, si je le questionnais sur ses poèmes, il serait capable de me répondre qu'il n'a encore rien écrit... Je me suis bien gardée de heurter l'urne de cristal où ce vrai poète tient son secret enclos. Nous avons parlé de choses indifférentes. Comme son visage est doux ! Quel charme de contempler ses yeux et ce front où la mélancolie des rêves précocement grandioses semblait prendre parfois les apparences d'un adorable ennui !

Cependant, Emma Rombier le *reluquait*... Oui, ce mot assez vil est le seul qui puisse rendre compte de l'indécence avec laquelle cette femme manifestait publiquement, d'un bout à l'autre du salon, son intérêt pour le poète. Peu après, elle me l'arrachait littéralement. Ah ! quelle âme déconcertante que celle d'Emma Rombier !... Elle me jalouse avec une sorte de frénésie ; moi, j'éprouve une immense pitié pour elle : pauvre femme qui croit avoir du talent et qui ne possède qu'une méprisable facilité, qui confond dans l'existence comme dans ses œuvres l'amour et le vice, qui voudrait se faire passer pour svelte et qui n'est que maigre !... Elle m'a si fort déplu aujourd'hui que je n'ai pu me résoudre à la remercier de m'avoir adressé Miss Walstone. Au fond, cette Rombier est incapable d'avoir agi par esprit de justice ; elle n'a pas dû perdre de vue son intérêt en cette affaire. J'y pense, et elle est souvent gênée. Peut-être vais-je la voir arriver un de ces jours, affolée et toute en larmes, implorant de moi un service d'argent?

Cause là-bas, sur le divan avec Georges Cerdille, ma petite !... Non ! mais couche-toi sur lui, pendant que tu y es !... Et viens ensuite gémir à ma porte : ma réponse est toute prête.

7 avril. — Rencontré, chez les Moltz, Némorine de Jascrin. Dans un coin, cette odieuse petite personne tenait, comme à l'ordinaire, en compagnie de quelqu'une de ses pareilles, les propos les plus inconvenants : « Georges Cerdille ! Ah ! qu'il est joli !... » Et, s'adressant plus particulièrement à celles de ses amies qui sont mariées : « Alors, bien vrai ? Aucune de vous ne l'a eu pour amant ?... C'est dommage ! J'aurais voulu avoir des tuyaux : il me plairait tellement comme mari ! »

Soleil, qui caresses à ton couchant la feuille où je griffonne ces lignes, Soleil qui voilas ta face quand le Taureau divin ravit la vierge Europe, permettrais-tu cette monstruosité formidable : l'accouplement de la perruche et du rossignol ?

13 avril. — Quelle horreur !... Et comme il faut parfois être sûr de la grandeur et de la beauté de son être pour ne point vouloir mourir en face des hontes de la vie !

Le journal de la Walstone était une revue thérapeutique. Miss Walstone est passionnée, non seulement de journalisme, mais de médecine : la doctoresse Nellice Walstone... Pouah !

Ce matin, j'ouvre fébrilement le paquet qui m'arrivait de New-York ; je feuillette une des brochures, j'y découvre : *Les principales poétesses européennes au point de vue psychopathologique* (suite)... Et, la suite, c'était moi...

Je n'ai pu lire jusqu'au bout un pareil amoncellement d'insanités révoltantes. Des mots ont dansé devant mes yeux : « Hérédité lamentable... hystérie caractérisée... paupières congestionnées intérieurement... mégalomanie... dissolution et perversion de la sensibilité... affirme avoir mâché du foin avec joie... s'enorgueillit d'avoir été amoureuse d'un arbre... » Voilà donc en quoi consistait la gentillesse d'Emma Rombier !... J'ai sangloté, presque défaillante, les nerfs atrocement crispés... Et que faire ? Intenter un procès retentissant à Miss Walstone ? Non ! Cette pédante sauvagesse ne mérite que ma pitié !... Et puis, n'ai-je pas, avec la belle confiance des âmes généreuses, apposé ma signature au bas de tous les papiers que son secrétaire m'a présentés ?

Je serai forte. Pareille au héros blessé dont parle Nietzsche, « j'ajusterai plus strictement ma cuirasse à ma poitrine, afin que le sang de ma plaie, joie pour les yeux de mes ennemis, leur soit invisible et me réchauffe !... »

Le prince Papagus regagne ses pénates, rappelé par son souverain.

15 avril. — Vu Emma Rombier chez les Berberolles. Avec une impertinence qui tentait de singer l'esprit, elle m'a dit, devant quinze personnes : « Très intéressant l'article de Miss Walstone sur vous ! » J'ai répondu, avec un sourire et un sang-froid admirables : « Eh oui, ma chère, je suis très contente : j'ai le plaisir, après cet article, de savoir sur quel ton, durant quelques jours, vont coasser dans leur mare les grenouilles jalouses de mes faibles mérites. » La Rombier en est restée toute pâle... Georges Cerdille entrait au même moment.

Il n'y a guère que les très grands seigneurs pour montrer une inlassable courtoisie envers les humbles serves... Durant la demi-heure qu'a duré sa visite, ce jeune prince intellectuel s'est résigné à écouter à l'écart les bavardages de Cécile, la fille de notre hôte, une petite provinciale assez gentille, mais insignifiante. — Quand il est parti, je me suis levée, comme par hasard, et l'ai rejoint dans l'escalier. Nous avons échangé quelques paroles sous le porche ; il avait une cravate délicieusement assortie à la couleur du soir argenté et mauve... Je lui ai offert une place dans mon auto. Il m'a répondu, assez nerveusement : « Merci, Madame ; j'ai la mienne. » Et comme il semblait attristé !... D'ailleurs, j'ai vite compris la cause de cette nervosité et de cette tristesse : dans son auto l'attendait une jeune personne, assez jolie, mais bien quelconque, dont la figure ne m'est pas tout à fait inconnue : une actrice, je crois... Oh ! le regard douloureux, presque furieux que m'a lancé le pauvre poète, navré de ne pouvoir profiter de mon offre et condamné à la compagnie d'une femme qu'il ne peut pas ne pas juger indigne de son esprit, de son cœur, — de sa chair...

25 avril. — Hier soir, chez la marquise d'Egrotan, Georges Cerdille a lu un sonnet de lui... Ah ! ce sonnet ! Une merveille ! Le dernier tiercet envolé, je me suis littéralement précipitée sur le poète ; j'étais comme ivre d'enthousiasme et d'artistique plaisir. Lui s'est incliné, tout ému : « Princesse !... » Cette appellation, à laquelle j'ai droit, mais que je refuse à cause de mes opinions politiques très avancées, a eu en moi, prononcée par ses lèvres, une véhémente résonance... J'ai murmuré, pour lui seul, très vite, avant qu'il fût accaparé par Emma Rombier et la foule des basses complimenteuses : « Appelez-moi Frigga, cher poète ! Je ne veux subir le titre de princesse que s'il me vient d'un cœur qui me signifie par là que je règne sur lui... » Éperdu, il s'est incliné plus bas encore : « Oh ! princesse !... princesse !... »
Et je me suis tue, écrasée par la joie, en écoutant — ce jeune et délicat aveu...

26 avril. — Revu le poète à la première de *Ta Gueule*. J'avoue n'avoir accepté une place dans la loge de la Jaserin que parce que je savais qu'il y serait aussi... Il arriva, et je tressaillis à son approche ; en vérité, la grande lyre que je suis a senti frémir en elle à ce moment l'éternel cantique de la Sulamite ! L'éclair violent et doux d'une Annonciation inespérée semblait disperser des ténèbres éparses autour de moi... Je l'aimais ! Je l'aimais ! Et je venais soudain de le comprendre... L'enfant sublime et charmant avait fasciné la fascinatrice. Heure souveraine !... Que m'importaient les vilenies débitées sur la scène, même lorsqu'elles me visèrent personnellement !... Les héros de l'ancienne Rome, au jour de leur triomphe, n'étaient-ils pas obligés de subir les criailleries plébéiennes et les serviles huées ?

27 avril — Je pense à LUI. Le printemps embaume. Adonis ! Adonis ! quel aimable visage tu as pris cette année dans mon cœur...

28 avril. — Torterel, qui est un très charmant et très obligeant ami, m'a téléphoné de venir le voir aux bureaux du *Barbier* vers cinq heures : le directeur, paraît-il, serait enchanté de faire paraître en première colonne quelques vers de moi.

Même jour, 7 heures. — Ah ! je ne pouvais pressentir tant de bonheur !... Torterel n'était pas seul lorsque je l'ai trouvé dans le grand salon du *Barbier ;* le hasard avait voulu que M. Cerdille, — oui : le père de Georges ! — passât par là dans le même instant... Quel homme exquis ! Comme il a bien su parler de l'admiration timide et touchante de son fils pour moi ! Comme il m'a galamment prouvé, par quelques citations habilement choisies dans mes œuvres, qu'il m'admirait lui-même de tout cœur !... Or, des vers de Georges Cerdille devaient passer avant les miens dans les colonnes du *Barbier*. Certes, cela eût été trop juste, et j'aurais patienté avec joie pour permettre au *Barbier* de révéler plus tôt le prodigieux poète qui sera demain notre orgueil et mon amour. Mais M. Cerdille ne l'a pas entendu de la sorte !
— Voulez-vous, — m'a-t-il dit, — vous qui venez de proclamer adorablement votre sympathie pour son fils, voulez-vous être aux yeux de tous sa fée bienfaisante, la marraine de sa gloire ?
— Comment ? — ai-je demandé radieuse.
— En consentant à laisser paraître à côté de ses vers, dans le même numéro, ceux que le *Barbier* attend de vous.
Destin, que certaines accusent d'inconscience et de cruauté, favoriserais-tu parfois celles qu'un rare et noble amour semble élever au-dessus des autres mortelles ?... J'eus peine à retenir de douces larmes ; car, ce que venait de me proposer M. Cerdille, c'était en somme, sans qu'il s'en doutât, la proclamation toute prochaine, sur le portique même du Temple des Muses, de mes mystiques fiançailles avec son fils. Mais je ne pus me tenir d'embrasser ce père inimitable, lorsqu'il me laissa entendre le plaisir que je ferais à Georges, si je le priais à dîner chez moi.
— Surtout, — m'a dit Torterel comme je partais, — n'oubliez pas que notre poète est horriblement timide, et qu'il le sera plus encore en face de vous, dont il admire également le talent et la beauté.
Non ! Je n'oublierai pas cette recommandation !... Et il me semble que déjà Torterel et M. Cerdille seraient profondément émus, s'ils pouvaient savoir avec quel soin j'ai choisi parmi mes intimes, pour les inviter en même temps que Georges, ceux dont je suis sûre qu'ils ne seront pas libres ce soir-là.

•

VII

LES INQUIÉTUDES D'UN ENFANT CHÉRI

On a vu que Frigga Papagus se décerne sans la moindre fausse modestie le brevet de surfemme, et qu'elle s'estime incomparable sous les rapports de l'esprit, du cœur et de la beauté. On risquerait d'en déduire qu'elle est niaise, mauvaise, laide, en sorte qu'il convient de remettre ici les choses au point. A la vérité, elle ne montre pas moins de talent que la plupart de ses contemporaines ; même, on ne saurait méconnaître dans ses romans une prodigieuse faculté d'incompréhension qui imite à s'y méprendre une manière originale de voir la vie ; et ses vers ont cette heureuse incohérence où notre époque peu gâtée s'est habituée à trouver la marque d'une géniale sincérité d'inspiration. D'autre part, dans l'existence quotidienne, Frigga Papagus n'use pas de plus de méchanceté qu'il n'en est indispensable pour se défendre, et encore lui arrive-t-il de montrer, quand on l'attaque, une maladresse touchante qui est toute à la louange de son bon cœur. Enfin pour le troisième mérite (dont certains retardataires jugent qu'une femme devrait se contenter) je dirai tout net qu'il n'est rien de présomptueux dans l'émerveillement que causent à la poétesse ses propres charmes, qu'elle les célèbre en vers ou qu'elle les contemple dans son miroir.

Georges Cerdille, prié à dîner dans l'intimité, chez elle, fut conduit jusqu'à son boudoir. Par les soins du prince Ali-Baba Papagus, cette pièce avait été ornée jadis, et non sans goût, de toutes les merveilles, splendeurs ou fantaisies authentiquement orientales qui consentent à prendre place dans un immeuble de l'avenue des Champs-Elysées sans écorcher les yeux ou faire grincer les dents. Cependant, je ne décrirai point les brûle-parfums, les antiques miniatures, le minuscule jet d'eau dansant devant la fenêtre dans sa vasque de porphyre, ni les rideaux où les princes d'Hafiz s'éternisent avec leur faucon à la paume, ni les vases rares garnis avec constance de roses qui voudraient bien se faire prendre pour celles mêmes de Saadi.

Je m'irriterais de paraître rivaliser avec d'autres gens de lettres, fût-ce par amour de la vérité.

Avec une minutie presque attendrissante, Frigga Papagus avait assorti aux objets qui l'entouraient non seulement son attitude et ses gestes, mais aussi sa robe qui, d'un caractère délicieusement équivoque, faisait penser tout ensemble à un déguisement « vieux persan » par la fantaisie qui s'y déployait, à un peignoir par la commodité et la mollesse, à une toilette de dîner par le décolleté audacieux. A l'entrée de Georges, Frigga sourit, s'étira sur la peau de tigre où elle semblait dormir d'un œil, à la manière féline, puis se releva, juste assez pour pouvoir tendre une main parfumée et alourdie de bagues bizarres au baiser de son invité. Celui-ci, qui eût été peut-être artiste à sa manière, si on ne l'avait obligé à embrasser la carrière de l'art, apprécia favorablement l'ensemble que formaient la dame, sa toilette, ses meubles et ses bibelots : mais, comme il savait parfois souffrir, malgré sa paresse, d'un accroc brutalement infligé à une harmonie il eut presque aussitôt l'impression lancinante de s'être rendu responsable d'une faute de goût en arrivant le premier, — dans un tel endroit, devant une telle hôtesse, — revêtu de l'indispensable habit noir.

Frigga se leva soudain, sans doute afin de prouver au plus vite qu'elle était ce soir-là plus que jamais adorable dans toutes les poses, rajusta d'un geste précieux deux roses piquées dans sa chevelure massive, essaya en moins d'une seconde tout un jeu de sourires, fit étinceler ses dents, frémir les ailes de son nez, briller ses yeux, tinter et miroiter les maillons et les gemmes d'une amulette ancienne contre sa gorge blonde, et se laissa retomber sur la peau de tigre en prenant bien soin, cette fois, de laisser découvert au ras de sa jupe un fin soulier d'une étoffe amusante, argentée et brodée de pourpre.

Georges souriait avec gentillesse mais non sans nigauderie, comme, il advient lorsqu'on se sent gêné pour diverses raisons, et que néanmoins la minute présente est agréable. Il ne détestait pas contempler des jolies femmes, mais se méfiait de leur coquetterie dès qu'il la sentait prodiguée en son honneur. L'amour lui apparaissait comme un bon plat servi dans une mauvaise auberge, parfois dangereuse, souvent mal fréquentée et dépourvue de tout confort. Certes, il est bon d'être joli et jeune, d'aimer avec plaisir et de faire plaisir en aimant ; mais quel piètre jeu, tout de même, que celui qui nous oblige presque toujours à une comédie pénible et fastidieuse avant de gagner la partie, et qui, lorsque la chance nous a souri, lorsque nous sommes arrivés à nos fins, démolit notre plaisir d'un instant en nous laissant entrevoir tout un monde de conséquences fâcheuses. C'est dire que Georges aimait les aventures autant qu'homme de son âge, mais qu'il hésitait douloureusement avant d'en courir aucune, sachant qu'il n'existe point, hélas! d'aventures de tout repos.

Frigga n'eut pas lieu de s'étonner de son attitude : le père et le meilleur ami de Georges l'avaient bien avertie que cet enfant était d'une timidité... Aussi fut-elle aussitôt décidée à n'y point aller par quatre chemins :

— Asseyez-vous, mon cher poète... Non, pas sur ce siège. Il n'est ici de commode que ce canapé où s'étale la peau de Shere-Khan... Tant pis pour vous, je vous aurai tout près de moi.

— Princesse...

— Princesse !... C'est vrai, vous m'avez déjà traitée de la sorte il y a quelques jours, et je vous ai dit quel serait au monde le seul être à qui je permettrai de me donner ce titre... Ai-je l'air furieuse, tandis que vous vous obstinez à m'appeler ainsi?... Voyons, Voyons, ne vous installez pas si mal ! Venez plus près, afin que je puisse vous voir sans bouger... Car je ne puis plus bouger, en vérité, comme si j'étais lasse d'avoir trop pensé à votre venue...

Il se taisait, souriant et inquiet de trouver des raisons précises à son sourire. Frigga reprit, sur un ton et avec un geste de pudeur quelque peu mêlés d'ironie :

— D'avoir trop pensé à votre venue... oh ! pour des raisons toutes littéraires. L'avant-dernier numéro du *Barbier*, où nos vers ont paru côte à côte, ne m'a point quittée de la journée. J'ai lu, relu, et je sais à présent vos poèmes mieux que mes poèmes ; ceux-là ont délicieusement tué ceux-ci dans ma pensée.

Il balbutia quelques paroles louangeuses et courtoisement reconnaissantes. Mais elle :

— Non ! Georges (vous me permettez de vous appeler ainsi?), ce n'est pas bien de me remercier ; il me semble que vous me volez le plaisir de vous exprimer la première ma gratitude... Je suis tellement heureuse, si vous saviez, de voir vos poèmes et mes poèmes mariés comme l'ormeau et la vigne virgilliens ! Le hasard a bien fait les choses ; car, enfin, si je n'avais pas rencontré votre papa, s'il ne m'avait pas assuré que vous seriez ravi de lire mon nom près du vôtre nom, notre communion poétique et notre sympathie eussent été plus précaires, ou retardées tout au moins... Quand je pense qu'il y a trois semaines nous nous ignorions, et que je me sens aujourd'hui si proche de vous !

Proche de lui, elle l'étais au point qu'il ne pouvait se garder de lancer des regards inquiets vers la porte ; car, vraiment, si un autre convive s'était fait annoncer soudain... Frigga comprit-elle alors son inquiétude ?

— Mon Dieu ! — s'exclama-t-elle, — je parle, je parle, et j'oublie de vous apprendre que, par un concours extraordinaire de circonstances, nous allons être seuls ce soir. Oui ! pour la première fois que je vous invite !... C'est très inconvenant, n'est-ce pas?... J'avais fait signe à divers amis : aucun d'eux ne se trouve libre... Dois-je m'en excuser, ou vous dire que j'en suis enchantée dans le fond?

— Enchantée? Oh !...

— Oui ! Regardez mes yeux, qui n'ont jamais su mentir !

Elle s'était avancée jusqu'à promener son parfum et l'ombre de ses cils comme une véritable caresse sur le visage de Georges. Alors, le petit eut le geste des jeunes filles attristées qui avant de chercher à s'étourdir, semblent chasser brusquement loin de leur front un vol de papillons noirs. Car la coquetterie d'une femme désirable ne saurait paralyser le plus méfiant des jeunes hommes que si elle ne dépasse pas les limites des convenances ; et l'attitude de Frigga cessait d'être simplement provocante pour devenir irrésistible ; ses yeux, très bleus sous leurs paupières assombries, quêtaient tendrement des éloges, en attendant mieux. Et Georges, conquis à l'improviste, se trouva débarrassé tout soudain des sentiments accablants qui l'obligeaient à faire figure de timide.

— Vos yeux? — répondit-il, — je crois en effet qu'ils sont sincères, mais c'est surtout de leur charme que je suis sûr. Oui ! riez... Vous ressemblez, en faisant sonner vos rires, à un sachet de soie où tinteraient des grelots d'argent !

— J'ai donc été une petite fille bien sage, puisque vous m'offrez une belle image, poète?

— Ah ! le métier de poète ne m'a jamais paru aussi agréable que depuis quelques instants !

— Pourquoi avez-vous l'air de vous moquer ?

— Je vous jure que je ne le pourrais pas...

— C'est que je ne vous avais jamais vu ce visage d'enfant espiègle... Quel âge avez-vous donc ?

— Vingt-trois ans au Grand-Prix.

— Oh ! tant mieux, tant mieux !... Notre amitié, m'en paraîtra meilleure encore... Car je suis très vieille, auprès de vous : vingt-sept ans, pensez donc !... Me voici votre grande sœur !... Et, lorsqu'une femme a vécu, comme moi, depuis le départ du prince Papagus, dans une solitude dont elle fait sa parure, — parure souvent bien lourde à porter ! — lorsqu'elle s'est sentie, comme moi, en butte aux adulations intéressées des hommes, à leurs convoitises brutales... Ah...

quelle merveilleuse joie que de rencontrer un être dont on apprécie l'esprit et le cœur au point d'être sûre de l'aimer noblement, chastement...

Chastement ?... Mais Georges n'y tenait pas le moins du monde, et tant pis, si c'était un rêve de ce genre qui enthousiasmait la poétesse ! Car il comprenait clairement qu'en se laissant un peu plus tôt apprivoiser par elle, il avait cédé à de tout autres raisons. A la dérobée, il l'examina, — et fut rassuré : « Elle est peut-être sincère », pensa-t-il, « mais elle fait erreur... » Alors, satisfait sur ce point, comme il était de ces enfants gâtés qui éprouvaient la grande douleur de ne plus se reconnaître s'ils ne portaient un cœur peuplé sans trêve de mille menus tourments, il se mit à chercher en lui d'autres motifs d'inquiétudes. Et Georges se disait que...

...Mais, presque aussitôt, Madame fut servie. Il fallut donc gagner la salle à manger qui pavoisée de vieilles faïences et trop nue malgré tout, trop vaste, trop sonore, fit à Georges l'effet d'un hall d'établissement de bains sur les murs duquel eût été inscrit : « Défense de se mettre à l'aise... » Un domestique alla et vint autour de l'hôtesse et de son invité, avec une solennité si compassée, si majestueuse qu'il paraissait se rendre compte de leur impatience et l'exaspérer malignement... A quoi ne nous obligent pas les convenances ! C'est à dîner que Frigga Papagus avait prié Georges, parce qu'il n'existe pas au monde d'autre prétexte autorisant une jeune femme à garder chez elle, de sept heures du soir à minuit, un jeune homme qu'elle désirait mieux connaître...

Il fallait donc s'asseoir devant une table, et faire semblant de manger coûte que coûte. Comme si l'on pouvait avoir faim, comme si l'on pouvait même ne pas rougir d'avoir faim en pareil cas !... Toutes choses dont Frigga dut se rendre compte, car elle s'employa de son mieux à presser le service ; elle avait l'intuition, en agissant ainsi, de ne point déplaire à Georges ; et sans doute était-elle ravie parce que leur hâte commune ne manquait point d'indécence, et que cela valait pour la première fois à leur bonne entente un précieux caractère de complicité.

Ils retrouvèrent donc, bien plus tôt qu'ils ne l'auraient espéré l'un et l'autre, le salon des roses de Saadi et des princes d'Hafiz, où le jet d'eau minuscule chantait dans sa vasque de marbre, et où, sur des trépieds d'ébène chantournés et incrustés d'ivoire, des friandises agréables au regard même avaient été disposées dans des plateaux de métal.

— J'aime cette pièce, — dit Frigga ; — elle est le sanctuaire où je me réfugie, où je vis le meilleur de mes jours en compagnie de mes songes. Mais il me semble que, dès le seuil de l'autre salon, recommence la réalité... Je vous en prie, Georges, fermez la porte !

...Et Georges se disait que l'arithmétique des plaisirs, telle que Bentham l'a conseillée est dans la réalité d'une application bien

Frigga rajustant sa chevelure massive.

difficile. Il se disait : « Tout l'après-midi, la seule pensée de cette invitation m'agaçait si fort que Nono et Torterel n'ont pas cru devoir me lâcher avant de m'avoir introduit dans l'ascenseur... Avais-je alors un pressentiment de ce qui va probablement se passer?... Il est bien sûr que mon ennui aurait pris un air d'effroi si j'avais supposé alors que Frigga serait seule et m'accueillerait avec tant de tendresse... Et il est également bien sûr que, si les choses, maintenant, en restaient là, j'éprouverais une désillusion terrible... Que faire ou même que souhaiter?... L'amour d'une poétesse, cela doit compliquer terriblement une vie ! Dois-je filer dans cinq minutes, en proclamant, par exemple, que je suis inquiet de la santé de ma mère ? Ce serait peut-être raisonnable... Oui, mais, sitôt dehors, je serais furieux contre ma bêtise et ma pusillanimité... On n'a pas tous les jours des occasions pareilles... C'est qu'elle est jolie !... En ce moment, voluptueusement renversée sur le divan, avec cette robe, cette parure, ses yeux bleus presque trop longs et ses éclatants cheveux presque trop lourds, elle a l'air d'une Orientale qui serait blonde ; on dirait qu'il y a de la lumière sous sa peau, et que si ce salon est éclairé c'est qu'elle brille doucement, comme une lampe merveilleuse... Elle parle, je lui réponds... Ceci n'a aucune importance : les mots auxquels nous sommes attentifs l'un et l'autre sont des mots que, l'un et l'autre, nous taisons encore.. Mais ces mots sont en nous comme des oiseaux dans une cage mal close : ils vont fatalement s'échapper... Et alors, que se passera-t-il ?... Frigga est-elle de celles dont on dispose ou de celles qui s'imposent ?... Et si je me décide à ne voir en elle que mon plaisir de ce soir, aurai-je le courage de me conduire demain comme un mufle, de la fuir, de refuser désormais ses invitations, de lui fermer ma porte ?... Et si elle appartient à cette catégorie de femmes dont l'amour semble inoubliable et indispensable à qui l'a connu ?... Tu serais dans de jolis draps, mon pauvre Georges !... Et si... et si... Certes, il y a des chances pour que je trouve en elle une maîtresse flatteuse et désirable, aimante et belle, raffinée, ayant le perpétuel souci d'embellir ses tendresses avec toute la poésie de ses discours et de ses pensées... Mais est-ce là un idéal ? Est-ce même mon idéal ?... Est-ce d'une femme de ce genre que je dois escompter le bonheur ?... Le bonheur ?... Nono est charmante et j'ai près d'elle une impression de sécurité, de paix... Le bonheur ! il sait si bien se déguiser, et il a tant de sosies, celui-là, que c'est à vous dégoûter de l'attendre et à vous donner envie de le jeter dehors quand il se fait annoncer.

Frigga, cependant, parmi les remous diversement colorés des coussins, de la peau de tigre et de son écharpe, semblait la victime d'un doux naufrage ; elle était visiblement celle qui s'abandonne à son destin ; elle avait croisé les mains sous sa nuque ; des éclairs bleus ou blancs étincelaient parfois entre ses paupières ou ses lèvres...

— Frigga !
— Georges ?
— Je voudrais vous dire... et je ne sais pas comment vous dire... Ah ! vous êtes près de moi, je ne sais quoi de miraculeux. Je vous respire, mais votre parfum peut-il exister ailleurs qu'en songe ? Est-ce qu'il ne s'évanouirait pas pour moi si j'avais l'audace de le respirer de plus près encore... de le respirer au point de le goûter !
— Mon ami !

Leurs visages étaient maintenant si rapprochés que Georges n'aurait pu, désormais, reculer ni simplement se reculer sans courir le risque de vexer la poétesse. Et il se tut avec quelque embarras, comprenant que l'irréparable était accompli.

— Oh ! mon ami, à quoi pensez-vous ?
— Je pense... je pense à Esther telle qu'elle fut conduite devant Assuérus, après s'être baignée six mois dans le cinname... Je pense qu'elle était moins que vous royale et désirable... et que moi je suis si petit... tout petit...

Elle entoura brusquement le « tout petit » de ses bras, et elle avait peine à contenir en elle la volupté qu'y suscitaient des mots aussi habilement choisis, — une volupté qui aurait voulu s'échapper en rires fous, presque douloureux... Pauvre petit, si petit !... Elle le berçait, le dorlotait, éblouie de voir son regard de si près lui sourire... Et ce fut alors que les lèvres de Georges connurent « le goût du parfum » de Frigga, qu'elles le connurent à l'endroit qui semblait en être la source tiède et profonde... Oui, à la naissance des seins, à l'endroit où ceux-ci disparaissaient sous la soie souple de la robe, tout près d'une étoffe de violettes que la jeune femme avait cueillies durant le dîner, sur la nappe, et par désœuvrement épinglées là.

Elle poussa un léger cri, se dégagea instinctivement et le regretta tout de suite :

— Excusez-moi, — dit-elle ; — je vous jure, Georges, que je ne m'attendais pas... je veux dire que je n'espérais pas...
— Je vous aime !
— Et moi aussi, je vous aime... et ces mots brûlent de leur ardeur la bouche qui les prononce... Ils la brûlent, en vérité... Tenez, passez-moi une de ces gouttes de fraîcheur qu'il y a sur ce plateau devant vous : des grains de cassis d'Arabie confits dans une pâte de miel et d'avelines ; on me les envoie d'Ispahan ; goûtez-les, Georges !
— Non ! si délicieux qu'ils soient, la saveur essentielle leur manquerait cette minute !
— Que voulez-vous dire ?
— Laissez-moi d'abord revenir très près de vous. J'oserai peut-être m'expliquer si je cache mes yeux contre votre épaule...
— Mon tout petit enfant !
— Oh ! oui, votre tout petit enfant... Prenez un de ces bonbons, mettez-le au coin de vos lèvres, à l'endroit où j'ai entrevu avant de fermer les yeux un bout de langue gourmande et rose... Est-ce fait ?... Oui !... Alors, si vous permettez, c'est là que ma bouche ira goûter le bonbon, comme un bruit dont vous seriez la branche, comme...
— Goûte ! — murmura Frigga en attirant des deux mains vers son visage, le jeune visage aux yeux clos, au sourire suppliant.

Et, durant les instants qui suivirent, la poétesse et le poète furent heureux, sans savoir au juste s'ils devaient ce bonheur à leur plaisir, lequel était sincère, ou à l'orgueil de s'être réciproquement présenté les aveux préalables sur un mode très littéraire, et qui même, — croyaient-ils, — ne manquait pas d'originalité.

**

Trois heures plus tard.
Georges a été happé à la porte de Frigga par Torterel et Nono, puis installé par leurs soins, presque de force, à la terrasse d'un café voisin. D'habitude, il est content de se retrouver en leur compagnie à ces heures tardives : on va souper quelque part, on raconte des histoires, on se tait si on préfère ne rien dire, on a même le droit de ne penser à rien, et c'est charmant... Mais, cette fois, Georges aurait préféré la solitude ; il sent qu'il lui sera nécessaire, pour dormir tranquille, de classer et d'ordonner auparavant les impressions de la journée dans sa mémoire, afin de les y retrouver demain sans peine et de pouvoir les étudier à son aise s'il en est besoin ou si cela lui plaît. Tâche assez compliquée et délicate ! Trop de sentiments, souvent contradictoires, s'agitent en lui : Frigga s'est montrée adorable ; mais... Il n'a aucun motif de regretter ce qui s'est passé ; cependant... Bref, Georges fait grise mine à ses amis. Pour comble, comme ceux-ci le questionnaient sur les convives de Mᵐᵉ Papagus, ne vient-il pas de laisser échapper qu'elle n'en avait point d'autre que lui? Quelle gaffe !... Penché sur le chalumeau de son kummel glacé, il a eu la sensation que ses voisins échangeaient alors un sourire par-dessus ses épaules. Il n'est plus seulement troublé ; le voici furieux contre lui-même, contre Torterel, contre Nono ; en vérité, ces derniers ont été bien inspirés en choisissant juste cet instant pour se livrer à des plaisanteries faciles :

— Vrai, les tête-à-tête avec les poétesses, ça ne t'inspire guère, mon cher !

— Alors, quoi? — renchérit Nono, — elle ne t'a pas apprécié? Ça n'a pas collé, vous deux !

Vlan ! Ces mots attirent immédiatement sur l'imprudente une verte semonce, une véritable scène, un orage auquel rien ne manque, ni le tonnerre en miniature d'un coup de poing sur la table, ni les éclairs de quelques regards furibonds :

— En voilà assez, hein?... Tu tiens des propos quelque peu étranges, toi qui prétends m'aimer !... Ma parole on dirait que quelque chose manquerait ce soir à ton bonheur, si tu ne t'imaginais pas qu'entre Mᵐᵉ Papagus et moi il s'est passé... des choses. Ne fais donc pas l'étonnée ! Jamais, tu m'entends? jamais on n'a vu une maî-tresse accompagner son amant jusqu'à la porte d'une jolie femme avec autant de sérénité, de plaisir même que tu en montrais ce soir. Oui ! Et tu ne m'as quitté qu'une fois bien sûre que je ne me défilerais pas ! Et, maintenant, tu veux avoir des tuyaux ?... Comment appeler cela? De l'inconscience? de l'indifférence? du vice?

Torterel pouffe. Nono pare sa gentille figure d'un sourire pitoyable et affectueux.

— Oui, tordez-vous ! — poursuit Georges au comble de la colère... — Ah ! vous voulez savoir?... Et bien, oui, là ! j'ai couché avec elle ! Etes-vous satisfaits? Désirez-vous des détails?

Mais alors les deux autres comprennent qu'il vaut mieux ne pas insister. Que Georges ait proclamé son succès à raison ou à tort, par défi ou par dépit, ils estiment que M. Cerdille aura eu tout lieu d'être content ; l'énervement du petit prouve du reste qu'il n'a point perdu sa soirée. On essayera d'en savoir plus long une autre fois. Pour l'instant, il faut se garder d'exaspérer cet enfant terrible.

— Mon vieux, — dit Torterel, — tu nous embêtes. — On s'informe de l'accueil que tu a trouvé : est-ce indiscret?... On te blague gentiment : est-ce la première fois que ça nous arrive?... Et tu gueules ! Dans quoi as-tu marché en sortant?

Mais Nono, furtivement, donne un coup de coude à son voisin. Georges vient de se pencher vers son kummel avec une hâte inquiétante et comme pour cacher son visage.

— Mon petit, ne sois plus méchant, — supplie Nono. — Tu sais combien nous t'aimons... Si tu as du chagrin, raconte. Je ne me montre curieuse que parce que je tiens à toi.

Il paraît hésiter un instant, puis :

— D'abord, je vous demande pardon moi-même de m'être fâché... Si ! si ! j'ai été un peu vif... Du chagrin? Oui, j'en ai, évidemment... J'ajoute qu'un instant plus tôt j'aurais été incapable d'en formuler la cause. A présent, je puis m'expliquer : c'est toujours ça !... Oh ! ça n'empêche pas que je vais vous paraître idiot...

— Marche toujours.

— Eh bien, depuis qu'on m'a lancé dans cette sacrée existence, je sens s'accumuler en moi une inquiétude vague, indéfinissable.. C'est maintenant que je viens de la regarder en face, de comprendre à peu près en quoi elle consiste... Dis donc, Torterel, tu m'as conté jadis l'histoire d'un de tes compatriotes... ce pauvre bougre, tu sais, qui était président des pêcheurs à la ligne de son arrondissement?

— Oui ; mais je ne vois pas...

— Attends !... Il vint ici pour l'Exposition ; on lui avait monté la tête, annoncé que tout Paris se disposait à le fêter ; il y eut des fanfares à l'arrivée de son train, des banquets donnés en son honneur, chacun le saluait très bas partout où vous le conduisiez ; des ministres, des académiciens, la belle Otero et le Cardinal-Archevêque le réclamaient au téléphone ; il fut décoré par vos soins de divers ordres baroques, et regagna sa province irrémédiablement atteint de mégalomanie... Mais ne penses-tu pas qu'il dut tout de même, à certains moments, éprouver un sentiment de gêne, de méfiance? J'en suis là...

— Tu en es là ?

— Oui, j'ai parfois comme une impression de *coup monté*... Attends, de grâce, je m'explique !... J'étais, il y a un mois, le plus obscur des bons jeunes hommes, et, brusquement, je deviens une sorte de phénomène, les journaux chantent mes louanges, s'arrachent les quelques vers que j'écris et que tu me corriges ; je n'ai qu'à lever le doigt pour obtenir tout ce qu'on peut souhaiter à mon âge d'amour et de gloire... A lever le doigt? que dis-je? On devance mes désirs et on en invente pour moi, quand je n'en ai point... Mon père m'a offert une garçonnière somptueuse où je m'ennuie ; il ne pense plus à présent qu'à me faire fonder une revue qui doit me rendre puissant en même temps qu'illustre... Eh bien, tout ça, c'est très beau, mais ça m'agace !... Oui, j'en ai ma claque, d'être prodigieux, divin, adorable, génial !

— Dis donc, tu ne vas pas tout de même prétendre que, si je t'aide de tout cœur dans ta carrière, c'est pour le plaisir de me payer ta tête, et non par amitié pour toi ?

— Mais non, mon pauvre vieux ; tu mets ma pensée à l'envers... Il y a un coup monté, seulement je ne te dis pas que ce soit contre moi ! En réalité, ce n'est pas moi qui marche, mais un certain nombre de badauds et de sottes que vous aurez tout de même grand'-peine à me faire prendre au sérieux...

— Bref, tu es furieux parce que tout te réussit?

— Parce que tout me réussit trop.

— Tu as trop de bonheur pour être heureux, hein? Et dans l'impossibilité où tu es de te montrer injuste envers tes amis, tu le deviens envers toi-même. Tu prétends que tu n'es pas poète, pas littérateur?... Mais tu en es pourri, mon bon ami, de poésie et de littérature, toi qui nous rases depuis un quart d'heure, à la terrasse d'un café, avec l'étalage de ta psychologie !... Gardes-en pour demain. Et parlons d'autre chose...

— Oh ! oui, — s'écrie Nono avec conviction. — Re trons même, si vous voulez. As-tu faim, Georges?

— Pour ça, oui. Très faim.

— J'ai fait préparer chez moi un petit souper à notre intention.

— Veine !... Mais tu sais, je crois que tout de même j'ai encore plus envie de dormir que de manger.

— Ça se voit à tes yeux ; ça se comprenait surtout à tes discours, tout à l'heure... Il est comme les mioches qui, parfois, ne savent plus trop ce qu'ils racontent, quand le marchand de sable est passé... Ah ! il a souri ! Enfin !... Ne t'illusionne pas, cette figure te va mieux que l'autre... Appelle ce taxi... Ce soir, tu seras mieux chez moi que dans ta garçonnière, où je parierais que tu meurs de peur, tout seul. Toi, mon vieux Torterel, tu nous accompagnes... Mais si ! mais si ! Ne crains rien, il y a de quoi manger pour trois. Et puis tu m'aideras à déshabiller ce gosse, à le bercer si c'est nécessaire, à le moucher s'il pleure, et à le fesser d'importance s'il se montre encore méchant...

VIII

LA FLEUR D'OR ET LA FLEUR BLEUE

Quand M. Cerdille, Torterel et Georges se rendirent, sur convocation, au bureau directorial des *Fantaisies-Françaises*, ils y trouvèrent Nono qui les avait devancés de quelques minutes auprès de M. Arnold Bernaby. Celui-ci, personnage aux joues prospères, aux favoris poivre et sel, aux yeux pétillants de malice, présenta la jeune femme à M. Cerdille et à son fils :

— Mlle Noémi Langh, ma charmante pensionnaire, la future interprète de notre ami Torterel.

— J'ai déjà l'honneur de connaître Mlle Langh, — fit modestement Georges.

— J'ai pour vous, Mademoiselle, — proclama M. Cerdille, — une très vive admiration.

On conversa durant quelques minutes et le plus spirituellement qu'on put de diverses questions sans intérêt. Puis, M. Cerdille tira de son portefeuille une enveloppe bien gonflée, et M. Arnold Bernaby des traités de son tiroir : le directeur des *Fantaisies-Françaises* s'engageait à donner comme premier ou second spectacle de la prochaine saison *Ma Poulette*, pièce en quatre actes, et en prose, de M. Alfred Torterel, et la *Fleur d'Or*, conte en un acte, et en vers, de M. Georges Cerdille. Mlle Noémi Langh aurait les honneurs de la vedette. On ne prit pas congé de M. le directeur sans avoir échangé avec lui les plus chaudes congratulations.

Devant la porte du théâtre, M. Cerdille, très empressé auprès de « Mlle Langh », la traîna, pour ainsi dire, jusqu'à l'auto, en s'informant avec la plus vive sollicitude de l'endroit où elle désirait être conduite. Ce fut alors que Georges, — non? croyez-vous, quel toupet !... — s'interposa en déclarant à l'auteur de ses jours sur un ton qui ne manquait pas d'insolence :

— N'insiste point, veux-tu? Mlle Langh m'a confié tout à l'heure qu'elle accepterait volontiers une promenade dans mon auto à moi. J'espère, vous deux, que vous m'excuserez si je ne vous propose pas d'être des nôtres : je n'avais pas prévu ce cas, le jour où j'ai insisté auprès du carrossier pour qu'il fût impossible de trouver trois places dans ma voiture...

Mais M. Cerdille rit de bon cœur. Il vient de conclure à son gré une affaire qui lui paraissait considérable, et, bon père, c'est à peine s'il en veut à Georges d'accaparer Nono dont la compagnie lui semble pourtant plus agréable de jour en jour. Il se console en pensant que, désormais, il lui sera permis d'aller sans appréhension bavarder chez elle, puisqu'il lui a été présenté tout à l'heure, devant Georges, officiellement.

— Très bien !... Mais, je vous en conjure, Mademoiselle, rappelez-lui qu'il dîne ce soir en ville, et que par conséquent...

— Comptez sur moi !

— Si je me permets cette recommandation, — ajoute M. Cerdille tandis que Georges s'est écarté pour héler une voiture, — c'est que, par un jour pareil, à son âge et avec une compagne aussi jolie que vous l'êtes, ah ! comme j'aurais envoyé promener l'invitation la plus flatteuse ou la plus utile, comme je me serais dépêché de le rédiger, le bon petit bleu d'excuses !...

.*.

Nono et Georges disparus, M. Cerdille n'éprouva pas la moindre envie d'aller flâner ou bridger à son cercle.

— Etes-vous pressé? — demanda-t-il à Torterel. — Si oui, disposez de mon auto. Dans le cas contraire, marchons un peu. Ça vous chante?

— Ça m'enchante.

Torterel n'avait rien à faire, sinon à rentrer chez lui pour travailler une heure ou deux. Mais, ayant le traité de Bernaby en poche, et sûr, dès lors, que la pire des paresses n'arriverait pas à lui faire perdre sa journée, il souhaitait, au profond de son cœur, qu'une occasion le détournât de son labeur et de son domicile. Vivent les vacances, pour une fois ...

M. Cerdille, lui aussi, pensait sans doute de la sorte ; sur le trottoir de la rue Royale, il regardait les promeneuses avec une sympathie évidente et semblait, en admettant qu'il lui restât des occupations sérieuses, tout disposé à les renvoyer au lendemain.

— Je suis content, oh ! bien content, — proclama-t-il quand on eut traversé la place périlleuse de la Concorde... — Hein? Nous n'avons pas flâné, vous et moi !... En six semaines, notre collaboration a assuré le succès de mon fils dans une carrière qui passe cependant pour difficile entre toutes !... Encore la question de la revue, — de notre revue, — à régler, et nous pourrons dormir tranquilles... Dites donc? Si nous parlions de cela tout de suite... Qu'en pensez-vous?

— Je pense, à vrai dire, que rien ne presse. Laissons la revue dormir jusqu'à la rentrée.

— Mon cher ami, — soupira-t-il, — je m'en remets à vous... Mais c'est vous-même, — rappelez-vous ! — qui m'avez dit qu'une revue dirigée par Georges, quand on commencerait à le connaître, serait un bel atout dans son jeu. Et vous avez ajouté que, si vous aviez possédé les capitaux suffisants, il y a beau temps que vous en auriez fondé une. Alors, j'ai pensé... je me suis permis... j'ai fait esquisser un projet de couverture...

Et, avec l'air timide et embarrassé d'un adolescent qui va lire ses premiers vers à un maître, M. Cerdille s'arrêta, tira de sa poche un papier plié en quatre et balbutia :

— Le voici, le projet de couverture... Oh ! si cela ne vous plaisait pas, comme aspect ou comme titre, il est bien entendu que... Le titre est de moi : ça m'eût amusé d'être le parrain de votre revue... Je me suis rappelé le sujet de la pièce de Georges, tel que vous me l'avez raconté... cette fleur d'or, cette fleur légendaire qui chante au soleil levant, cette fleur symbole de poésie et de rêve que l'héroïne réclame aux princes amoureux d'elles... Et j'ai cru que le titre de la pièce pourrait gentiment et utilement, devenir le nom de la revue... C'est idiot, n'est-ce pas?

— Mais non, pas le moins du monde, je vous le jure, — protesta Torterel...— Bigre ! vous ne vous refusez rien, c'est Farnel qui vous a dessiné ça? Ravissante, cette fleur d'or sur papier bleuté ! Pas assez foncé, le papier, peut-être... N'empêche ! C'est rudement bien. « Alfred Torterel et Georges Cerdille, directeurs. » Vous êtes un homme terrible !

— Alors, supplia M. Cerdille, — vous voulez bien?

— Nous en reparlerons en octobre... ou en novembre !

— Pourquoi?

— N'y aurait-il à régler que les questions matérielles, l'installation et le reste, cela nous repousse au moins jusque-là.

— Pffft !... Tout est prêt, le local choisi, l'ameublement aussi... On s'est mis en rapport avec un imprimeur...

— Non ! — s'exclama Torterel.

— Voyons, montrez-vous jusque sur la couverture de *la Fleur d'Or* le meilleur ami de Georges. Dites : oui.

— Je ne peux vous dire :oui. Je n'ai nullement l'intention de vous abandonner en pareille circonstance, je ne demande pas mieux que de chercher des collaborateurs, de vous aider de mes conseils... mais, à une condition : c'est qu'il ne sera pas question de moi comme codirecteur.

— Vous me la baillez belle ! Alors que j'ai mis ça dans ma tête, que j'y tiens de toute mon âme... et que j'ai déjà fixé le chiffre de vos appointements !

— De ceci, j'en étais sûr. Et c'est une des raisons de mon refus.

— Vous avez peur du qu'en dira-t-on ?

— Énormément. Et encore plus de ce que je pourrais me reprocher à moi-même.

— Soit ! Je vais traduire votre pensée. Vous seriez désolé si l'on racontait : « Ce veinard de Torterel a trouvé une bonne poire ! » Et vous seriez même navré parce que vous partageriez en somme l'opinion des médisants ?...

Torterel, abasourdi, considéra M. Cerdille sans parvenir à dissimuler une certaine admiration ; il ne s'en trouvait pas moins très gêné : on sait qu'il se garde d'une sincérité absolue avec autant d'horreur que du mensonge ; mais il lui était impossible d'imaginer une parade qui fût loyale devant cette attaque directe, foudroyante, imprévue :

— Vous avez à peu près mis le doigt dessus, — dit-il avec simplicité.

— Parfait ! riposta M. Cerdille ; — je m'empresserai donc de vous mettre à l'aise. Mon Dieu, qu'il y ait quelque chose d'un peu burlesque dans la façon dont je m'occupe de l'avenir littéraire de mon fils, je n'en disconviens pas. Mais ça me regarde. Ceci dit, je puis vous affirmer que si je vous porte une confiance illimitée, c'est que je ne vous l'ai pas accordée à l'aveuglette. Que vous ayez trouvé quelques avantages à me connaître, c'est entendu ! J'ai voulu qu'il en fût ainsi ; je tenais à être pour vous un ami, non pas un importun... Et ce dont je suis sûr, heureusement... c'est que, de tous les bénéfices que mon amitié pouvait vous valoir, vous n'avez jamais accepté que ceux dont pouvaient profiter du même coup ma paternelle manie et la carrière de Georges.

— Certes, je n'aurais pas osé escompter le plaisir de vous entendre parler de la sorte, mais...

— Point de mais... La revue vous attend, lorsque vous n'aurez rien de mieux à faire. Car je ne vous ai pas dit qu'il fallût paraître tout de suite... Non ! prenez votre temps... Et, j'en suis sûr, ça vous amusera, et ça amusera mon fils...

— Que ça m'amuse, n'en doutez pas. Mais lui ?

M. Cerdille s'arrêta, posa la main sur l'épaule de son compagnon :

— Vous ne m'avez pas encore demandé où étaient les bureaux de *la Fleur d'Or*?... Sur le même palier que la garçonnière de Georges. Oui ! Il grognait l'autre jour contre le monsieur qui emménageait ; eh ! bien, ce monsieur-là, c'était lui... Elle est bonne ?... Maintenant il ne reste plus qu'à ouvrir une porte, et le cabinet du directeur Georges Cerdille communiquera avec sa chambre à coucher... A vrai dire, je ne sais pas si tout cela l'amusera autant que je l'espère... Enfin, il me semble qu'à sa place... Et, en tout cas, je n'aurais rien à me reprocher.

— Sapristi, — fit Torterel, — vous pouvez vous vanter d'être aussi poète que lui, à votre manière. Vous avez de ces imaginations ! Et, pour les réaliser, vous ne plaignez pas votre peine.

— Ma peine était un plaisir. D'ailleurs, n'exagérons rien : je me suis fort peu occupé de l'installation. Parbleu, je n'étais guère fixé sur l'aménagement et l'ameublement des bureaux d'une revue !... Alors, j'en ai chargé quelqu'un qui m'a paru s'y connaître : le petit Bistingue, celui qui a écrit sur Georges un excellent article, dans *M'as-tu lu?*...

— Oui, oui... parfaitement !

— Je lui avais parlé de mes projets ; il s'est mis à ma disposition.... Un brave petit garçon, très serviable... Pas riche, par exemple : j'ai dû, en même temps que les fonds nécessaires aux achats, lui remettre une petite somme... Dites donc, s'il y avait une place pour lui, dans la revue...

— Vous dites ? Il vous a prié de lui avancer une petite somme ?

— Oui, pour ses déplacements... C'était trop naturel. Pauvre gosse !... Voulez-vous que je vous l'envoie ?... Il m'a dit qu'il lui tardait beaucoup de vous connaître.

— Soit... Eh ! bien, priez donc le jeune Bistingue, de passer demain chez moi, avec les reçus ; nous causerons... Je l'attendrai à mon petit lever, vers dix heures.

— Entendu !... Vous voici chez vous. Au revoir, mon cher Directeur !

Et, sur ce dernier mot, persuadé à la fois

d'avoir gagné la partie et de laisser son adversaire enchanté, M. Cerdille prit la fuite sans en vouloir entendre davantage.

**

Un personnage du genre de Torterel serait, en vérité, bien difficile à transporter au théâtre ; le public risquerait maintes fois de se méprendre sur ses sentiments : il faudrait lui adjoindre un confident perpétuel, ce qui détruirait par ailleurs son caractère, puisqu'il déteste les confidences. Dès lors, allez donc faire entendre qu'en refusant la direction de *la Fleur d'Or*, il n'avait dans l'âme aucun dessein machiavélique, que cette histoire l'ennuyait sincèrement, et qu'il n'a en fin de compte accepté l'offre de M. Cerdille que pour protéger celui-ci contre un aventurier probable !

C'est cependant une fière chance pour un littérateur qui vit de sa plume de devenir directeur appointé d'une belle revue ; et, quant aux avantages moraux, Torterel doit les apprécier, puisqu'il les a lui-même exposés à M. Cerdille... Mais, justement, c'est sa chance, son incorrigible chance qui l'agace un peu... Il est déconcerté, vexé même, par la rapidité avec laquelle les événements heureux se succèdent ; il semble que tout cela est trop facile pour qu'on puisse s'en réjouir décemment ; il éprouve à son tour et à sa manière cette impression de « coup monté » qui irritait Georges l'autre soir...

Il entre chez lui. Est-il furieux ? Est-il navré ?... En tout cas, pour cette fin de jour où il se croyait sûr d'inscrire au programme une douce satisfaction et une immense paresse, il n'y a pas à dire, son pronostic a été prématuré !

Il va et vient, prépare quelques papiers. Son encrier, contrairement aux principes, est resté découvert et quelque poussière flotte à la surface du noir liquide. Très irrité Torterel clame : « Fortuné !... » puis se ravise et se contente de demander son chapeau et sa canne. L'excuse qu'il se souhaitait pour ne point travailler, le hasard vient de la lui fournir ; il y a de la poussière dans son encrier, du trouble dans son inspiration, de l'inquiétude dans son cœur. Sortons ! Nous avons besoin de mettre un peu d'ordre dans nos idées. Une bonne impériale d'autobus s'impose ; dans Paris, à l'heure actuelle, ces trépidants asiles restent à peu près les seuls où l'on puisse réfléchir en paix.

Justement, voici Porte-Maillot Hôtel-de-Ville... Houp !

... « Acheteur de meubles !... Ce petit Bistingue doit être un joli coco bien que M. Cerdille le juge intéressant et sympathique... Ce jeune Monsieur, s'il est tel que tout le laisse prévoir, va faire un joli marmiton dans la cuisine de la maison Cerdille, Torterel et Cie ;

C'est une fière chance pour un littérateur de devenir directeur appointé d'une belle revue.

comme de juste, il ira vanter un peu partout les sauces de sa façon, il mettra comme à plaisir les pieds dans tous les plats, et c'est toi, mon vieux Torterel, qui seras éclaboussé par la sauce !... Voilà pour m'apprendre à me mêler des affaires des autres !... Mais pouvais-je faire autrement ? »

Le véhicule populaire rugit, bondit, s'arrête de temps en temps sur des coups de frein brusques et rauques. Et Torterel éprouve soudain une indicible horreur de son destin parce que, derrière lui, une gamine de quinze ans, à la frimousse maigre et drôle, vient de confier à sa voisine :

— Ah ! ma vieille, crois-tu que c'est de la veine, ce beau temps ? Nous qu'on va demain bouffer une friture à Charenton, chez l'oncle Usèbe !

Cependant, l'autobus s'est remis en marche, comme pour fournir au chant intérieur de Torterel l'orchestration furieuse qui lui convient... « Pouvais-je faire autrement?... Je n'en sais rien, mais je vois bien ce qui m'a porté malheur : n'ai-je pas dis à Nono, après ma première conversation avec M. Cerdille, que la vocation de Georges représentait à coup sûr une excellente affaire pour moi?... Oui, j'ai dit cela, par fanfaronnade d'habileté, comme si j'avais estimé que le plaisir tout simple d'être agréable à un charmant homme était de trop piètre qualité pour moi ! »

A la hauteur du Châtelet, un monsieur parfaitement solennel et stupide s'installe à côté de Torterel et se met sur-le-champ à lui exposer ses opinions politiques. Torterel décampe... Quelle émouvante fin de jour ! Sur les quais, l'heure semble laisser traîner sa robe, — une robe de soie éclatante, fatiguée et poussiéreuse, sœur de celles qu'arborent au crépuscule les pauvres petites dames dont c'est le métier de troubler d'humbles cœurs sur les trottoirs du Sébasto. On sent passer dans l'air un Ange de lassitude et de pauvre amour... Tout cela est du plus pur style Charles-Louis Philippe. Or, Torterel a connu l'auteur de *Bubu*; il revoit cette douce figure blessée, ces admirables yeux où il y avait autant de pitié que de génie, de résignation que de souffrance... « Ah ! Charles-Louis Philippe, est-ce que *le Barbier* t'a jamais commandé un roman, à toi?... Quelle tête aurait fait son solennel directeur si tu lui avais remis le manuscrit de *Bubu*, œuvre insensée dont les héros ne visitent pas les musées italiens, où nulle héroïne n'est comparée à tel portrait illustre ou apprécié des esthètes, où les lectrices auraient vainement cherché les décentes voluptés d'un adultère aussi chaste que possible?... Mais moi, je me dégoûte, je me dégoûte, je me dégoûte, à présent ! »

Allons, décidément, c'est la crise ! Ce n'est pas la première et ce ne sera pas la dernière non plus ! Il se dégoûte.. Jamais homme né sous une bonne étoile n'a pardonné à celle-ci l'impossibilité où il se trouve de l'éteindre à sa fantaisie, quitte à la laisser briller ensuite d'un éclat nouveau. Torterel est comme perdu dans un désert morne ; il se dit que la certitude de l'avenir lui enlève en des moments pareils la merveilleuse possibilité de vivre ardemment, avec ces hauts et ces bas de l'espoir qui font la valeur du succès conquis ; il se sent vieux avant l'âge, triste sort réservé à ceux qui ont montré de l'adresse ou à qui la veine a souri trop tôt... Ah ! voyez-vous, il n'est peut-être pas de plus grande habileté que d'être honnête, mais c'est nous réserver de bien mauvaises minutes que de rester irrémédiablement honnête quand notre vie nous condamne à être habile à perpétuité...

*
* *

Minuit. Torterel vient de regagner son domicile. La crise est finie.

D'abord, à l'entrée du pont Saint-Michel, quelqu'un lui a tapé sur l'épaule : « Salut, jeune maître... » C'est Chambert, un vieux camarade, — Chambert, vous savez? ce brave garçon gros et futé, au ventre rond et à la figure en lame de rasoir, cousin de Rouletabille et de Sherlok Holmes, qui, muni d'ailleurs de rentes sérieuses, n'a rien trouvé de mieux à faire dans l'existence qu'à s'occuper de la grande ou de la petite information auprès de tout canard petit ou grand qui l'accueille d'un coin-coin favorable. Chambert voit tout, entend tout, lit tout, sait tout, commente tout, explique tout : c'est son plaisir et son orgueil. On le rencontre dans tous les quartiers de Paris à la fois, il revient perpétuellement des plus lointaines capitales la serviette bourrée de documents, la cervelle tout à la fois hantée de la Question d'Orient et de celle de la jupe-culotte, de la peste dans l'Inde et du crime de Camembert-sur-Ourcq, du scandale de la rue Monthyon et de la philosophie de M. Fallières... Ce bon Chambert ! Il pouvait se vanter d'être tombé à pic !... Bien qu'il donnât la chasse à un assassin que la police traquait et qu'il désirait interviewer à la minute des menottes, il consentit à dresser l'oreille quand Torterel lui demanda ce qu'il pensait de Bistingue (Léopold).

— Bistingue?... Un petit brun qui donne des papiers à *M'as-tu lu?*... Je pourrais te renseigner tout de suite, mais, comme je vais passer chez moi, j'aime mieux consulter mes fiches. Ça m'étonnerait qu'il n'eût pas la sienne. Tu trouveras un bleu en rentrant. Non ! Non ! ne me remercie pas !... C'est avec plaisir !... Sur ce, mon vieux, je te la serre.

Chambert parti, Torterel, l'âme encore obsédée de mélancolie, a gravi la pente douce du boulevard Saint-Michel ; et peut-être lui semblait-il, ce faisant, qu'il se rendrait en pèlerinage au tombeau de sa jeunesse... Délicate attention !... Sa peine n'a pas été perdue puisque sa jeunesse a cru devoir lui faire le plaisir de ressusciter au bout du chemin. Il a rencontré des camarades, agréablement bavardé en leur compagnie ; puis Jane Stop, de l'Odéon, a montré le bout de son museau rose. Très amusante, cette petite !... Croyez-vous? Elle savait déjà que Torterel avait une pièce chez Bernaby ! Elle a accepté de dîner en compagnie du père de *Ma Poulette*, ils ont légèrement flirté... Il est à croire que, malgré son nom, Jane Stop marche. Elle a juré, en partant, de venir goûter demain le porto de Torterel : oh ! bien entendu, en camarade...

Et la jeunesse de Torterel, récemment ressuscitée, est redevenue si vivante qu'il souhaite très sincèrement une bonne mémoire à Jane et qu'il juge que « des soirées comme ça, c'est très gentil, très reposant... »

Jane oubliera-t-elle sa promesse ? En tout cas, Chambert a tenu la sienne. Au beau milieu du bureau de Torterel, sur une enveloppe visiblement empruntée au « de-quoi-écrire » d'un café, s'épanouit l'écriture de l'éminent reporter, une écriture ronde dans les pleins, pointue dans les déliés, — tout le portrait de son propriétaire... Ma foi ! Torterel est maintenant enclin à l'indulgence. Tandis qu'il décachète le pneu sans hâte, il se dit que sa première impression a sans doute été bien sévère, que le littérateur Bistingue n'est pas riche, qu'il s'est peut-être immiscé dans les emplettes mobilières de M. Cerdille, uniquement dans l'espoir d'obtenir du « patron » reconnaissant une bonne place dans sa revue...

« *Mon vieux Torterel, Léopold Bistingue (je le nomme) est une jeune fripouille. Spécialité de petites saletés : lettres anonymes, menus chantages, etc., etc... Est certainement, parmi les Français de son âge, celui qui, depuis quelque six mois, a reçu le plus de coups de pied au bas du dos. Gigolo à prix réduit de diverses dames sur le retour, à ses moments perdus. A néanmoins le mérite de n'en pas être plus fier pour ça, et de faire vivre sa vieille mère. Regrets et amitiés... Chambert...* »

Torterel, avec un sourire très spécial, replie et met soigneusement de côté ce message. Puis il se dispose à se coucher, non sans avoir auparavant placé sur sa table de nuit quelques-uns des livres dont il tente de recommencer la lecture, les nuits où il sait qu'il a besoin de dormir.

Pauvre petit Bistingue ! On prend des précautions pour ne point penser à toi deux fois en un jour. Mais qu'est-ce que tu vas prendre demain !...

IX

FÊTE DONNÉE EN L'HONNEUR DES FÉES

« ...bénir les fées, les fées qui furent le reflet dansant de notre patrie, le parfum de notre légende ; — les fées qui vous enchantèrent, mes belles amies, quand vous étiez toutes petites et qui ont laissé dans vos yeux la force de leur enchantement ; — les fées, enfin, exilées divines qui, considérant Chantefontaine comme une nouvelle Brocéliande ont trouvé sans doute agréable de se réincarner ce soir, mes sœurs, en chacune de nous !... »

Et ce furent des soupirs, des murmures, des gestes extasiés, des cris d'enthousiasme, tandis que Mme Hildegarde Dupont-Lambert, conférencière illustre et obèse, parvenait en haletant au terme de sa péroraison.

— Qui donc, — demanda Emma Rombier à Jean Fabiac, — qui donc prétend méchamment que cette pauvre Hildegarde n'a jamais ensemencé d'un gain de bon sens le domaine de ses discours ? C'est très exact du moins en ce qui la concerne, ce qu'elle vient de nous servir comme conclusion... Contemplez-la de profil : on jurerait Carabosse, une Carabosse fatiguée pour un soir de sa légendaire maigreur !

— Tout le monde, — répliqua Jean Fabiac obsédé depuis bientôt deux heures par sa voisine de dîner, — tout le monde, Madame, ne saurait être Marsya ou Viviane.

— Alors, vrai ? Vous trouvez que je suis belle ce soir ?

— Miraculeusement. Mais regardez donc notre hôtesse : elle est divine.

— Oui ! oh oui... Allez le lui dire, je vous en prie...

Et elle s'en fut enfin, furieuse : « Ma foi ! » pensa Jean Fabiac, « je n'avais plus d'autre moyen de m'en dépêtrer... » Il pensait également qu'il n'avait dit en somme que la vérité, ce qui est toujours une consolation. Cette Frigga ! Là-bas, accoudée à la balustrade de la terrasse principale, elle étincelait véritablement, en robe azurée, couronnée de lis et les épaules couvertes d'une écharpe qu'elle avait voulue, affirmait-elle, — couleur des cheveux d'Ophélie... Ah ! Georges Cerdille n'était pas à plaindre ! Les femmes se disputaient, n'avaient d'yeux que pour lui, et il était l'élu de l'éblouissante hôtesse... Sur ce point, nul doute ! La petite Laugh (des *Fantaisies-Françaises*) ayant, au cours de la conférence, récité un passage de *la Fleur d'Or*, Frigga, dédaignant d'applaudir, s'était tournée vers l'heureux auteur et lui avait pris les mains d'un élan tel qu'on aurait pu croire, durant cette seconde, que quelque chose d'inconvenant allait se passer... Oui, le jeune poète avait été le héros terrestre, inavoué mais évident de cette fête donnée en l'honneur des fées par la belle poétesse.

En l'honneur des fées ? Vous allez comprendre : la Société *les Amies des Fées* s'accorde de temps à autre certaines réjouissances, dont l'initiative incombe tour à tour à chacune des personnalités qui la composent. C'est donc, entre ces dames, à qui rivalisera d'éloquence pour le discours d'usage et de luxe pour la fête elle-même. En cette circonstance, il eût fallu être de bien mauvaise foi pour ne pas proclamer que la réception de Frigga surpassait de beaucoup tout ce qui s'était fait précédemment dans le même genre. A n'en point douter, la princesse Papagus avait eu pour marraines les créatures qu'on fêtait ce soir-là à Chantefontaine, et les fées, désirant combler cette filleule chérie à l'heure où celle-ci devenait leur prêtresse devant les sommités parisiennes des lettres et des arts, lui avaient accordé la plus délicieuse nuit de l'été neuf encore et une beauté comme exaltée par le triomphal épanouissement de son récent amour.

En attendant le souper par petites tables, les invités s'étaient répandus sur la terrasse ou dans le parc. Bien entendu, une lune ronde et pleine glissait dans le ciel remarquablement pur. Des ampoules électriques luisaient çà et là, dissimulées comme de gros vers-luisants dans les bosquets les plus proches. Et voici que, soudain, le vaste miroir d'eau, dans son cadre de pelouses, devint une nappe de lueur ; on aurait dit que la lune, à mi-chemin de sa promenade, avait condensé là ses rayons, et l'on voyait se découper en noir, à fleur d'eau, les silhouettes des carpes seigneuriales, passant et repassant lentement sur ce fond lumineux.

Alors de nouveau, les exclamations retentirent, et, s'empressant autour de la reine de cette féerie, les complimenteurs lui jetèrent au visage les fleurs de leur amabilité, les poètes répandirent à ses pieds leurs plus précieuses images : « Ah ! la magicienne ! — Il n'y a que vous pour créer tant de poésie ! — Non seulement vous fêtez le souvenir des fées, mais par votre magie, elles semblent défiler devant nous, là-bas, sur vos pelouses ! — C'est vrai, sous ces lueurs nocturnes, enveloppées de manteaux et d'écharpes, et de loin, toutes les femmes qui sont dans votre parc, on peut les imaginer jolies !
— Cet éclairage nous rend les yeux des pâtres qui virent les créatures légendaires danser dans les brumes, au dessus des ruisseaux ! — Ah ! comme le merveilleux vous aime !... »

A ce moment, derrière le château, dans la direction d'une pièce d'eau restée obscure, retentirent d'insolites, bizarres et lamentables cris. C'étaient les phoques qui, réveillés soudain par les illuminations et le remue-ménage, exprimaient à leur manière leur admiration, leur terreur... ou leur pitié...

— Oh ! ceci, par exemple, c'est encore plus beau ! — s'écria Emma Rombier qui jusque-là s'était tenue à l'écart, en se précipitant vers la triomphatrice... — Que d'imprévu !... Nous allons de miracle en miracle !... Ces chants de phoques, par cette nuit de lune... Oh !...

Frigga sourit et remercia sincèrement. Elle se sentait transportée à ce point de bonheur et de gloire où l'on empoche comme du bel or franc la fausse monnaie des railleries les plus criantes, de l'ironie la plus grossière. Vexée de son échec, Emma Rombier prit sa revanche comme elle put :

— Quel dommage que Georges Cerdille ne soit pas là... Au fait, où est-il donc, notre poète ?

Elle renouvela cette question, mais ce fut en vain. Frigga, qui devait cependant avoir entendu, n'en paraissait point autrement tourmentée. Blême de rage, Emma Rombier battit en retraite vers un prochain groupe, le premier venu :

— C'est roulant ! Le poète, le seul, le plus grand et le plus joli, le Prince-Charmant de la princesse, l'enchanteur victorieux des fées... ah ! ah !... savez-vous qu'il a disparu ?... Ne me demandez pas où il est ! Elle l'a envoyé se coucher ! Elle veut qu'il se repose : Dame ! c'est trop juste, il aura besoin de toutes ses forces, cette nuit, le pauvre mignon !

Mais, décidément Emma Rombier, ce soir-là, n'avait pas de chance. Se détachant du groupe où chacun frémissait d'une folle joie contenue avec peine, un monsieur s'avança, radieux, vers la poétesse :

— Il me semble que je puis me présenter moi-même : Edouard Cerdille, le père du poète... Je suis ravi, Madame, de l'intérêt que vous portez à mon fils...

... Pendant ce temps, en effet, Georges se repose dans un fumoir où, toute lampe éteinte, il s'est réfugié, quelque peu étourdi. Il s'accoude à la fenêtre, sans autre inquiétude que celle de se trouver absolument heureux ; la nuit est comme un bouquet qu'il presserait contre son visage. De plus forts et de plus méfiants auraient subi la griserie du succès ; pour cette fois, il ne pense pas à mettre ses idées en ordre : il respire et il sourit. Tout cela est bon !

Un peu plus tôt, Frigga est parvenue à lui murmurer à l'oreille : « Que m'importe ce qu'on peut penser de ma fête ! Toute ma joie vient de votre amour... Il est en moi comme la rosée nocturne au cœur des roses... »
Et, assez surpris de ne pas se reconnaître,

Georges n'a pas été agacé d'entendre sa récente maîtresse pavoiser d'un facile lyrisme sa sincérité... Frigga était absolument resplendissante tandis qu'elle s'exprimait de la sorte, et il semblait que l'exaltation de tout son être l'eût entraînée bien au delà des atteintes possibles du ridicule. Aussi, dans l'indulgence de l'heure, le désir de Georges s'amuse-t-il par moments à prendre le visage de l'amour, du plus aimable des Amours, celui de l'enfant Éros choyé dans son berceau par les mains heureuses des Charites.

Frigga, qu'il voit sans être vu d'elle, va et vient sur la terrasse. Il pense que, lorsqu'elle dénouera tout à l'heure ses cheveux pour lui, il les apportera jusqu'à ses lèvres ainsi une grande éponge d'or imprégnée de senteurs bocagères. Evidemment, Frigga ne croira pas pouvoir se dispenser d'ajouter à leurs baisers et à leurs jeux des guirlandes fleuries de métaphores... Bah ! qu'importe ?... Bergère ou poétesse, si la femme qui s'offre nous plaît, faut-il nous irriter parce que celle-là parle avec naïveté et celle-ci avec recherche ?

Allons, bon !... Voici encore du nouveau ! Tandis que Georges méditait de la sorte, deux petites mains viennent d'appuyer traîtreusement leurs paumes à ses yeux, deux poignets nus et frais enserrent ses tempes... La mystérieuse effrontée étouffe un rire d'eau vive, atténue jusqu'à un murmure à peine perceptible sa voix puérile et légèrement zézayante :

— Devinez !... Devinez !...

Georges croit deviner, puis, très ennuyé, n'ose croire qu'il devine.

— Grâce ! je donne ma langue...

— Oh ! Monsieur, quelle parole !... Je me retire ! J'ai peur...

Et, capable enfin de détourner la tête,

Frigga accoudée à la balustrade étincelle dans sa robe d'azur.

Georges aperçoit, dans la pénombre, penché sur son épaule, le sourire de Némorine de Jaserin.

— Vous en faites, mon ami, une figure. Avouez que ma conduite vous choque épouvantablement !

— Moi, Mademoiselle ?

— Oui, vous, le Mossieu qui m'appelez Mademoiselle !... Pardon d'avoir troublé les rêves enivrants du poète. Je venais, de la part de votre papa, vous recommander d'être bien sage. Et, comme je vous avais vu tout à l'heure vous défiler par ici... Je connais la maison, vous comprenez ; j'y suis venue souvent... Autrefois, Frigga et moi, on s'adorait... Depuis deux mois, c'est une autre paire de manches...

— Ah, vraiment ?... Et alors, mon père s'en est allé ?

— En emmenant ma mère, Tortorel et votre... interprète, Mlle Langh. Jolie fille ! Elle a l'air de plaire beaucoup à votre papa...

— Vous croyez ? — fait Georges un peu impatienté par ce bavardage.

— Si je le crois !... Oh ! mais je crois surtout que je viens de commettre une gaffe ; ça n'a pas l'air de vous enchanter, ce que je vous raconte là !... A propos, vous ne partez pas après le souper ? Vous êtes de ceux qui couchent ?

— Ma foi, je ne sais pas encore.

— Moi je sais : vous couchez...

— Et vous, à quelle heure est-ce que l'on vous couche ?

Cette folle éclata de rire :

— Ça y est !... Il se fâche ! J'étais sûre qu'il se fâcherait ! Comme je m'amuse !

— Némorine, — fait Georges honteux de son mouvement d'humeur, — vous êtes l'amie la plus gentille, mais aussi la plus insupportable que je connaisse.

— Insupportable quand j'ai des chagrins.
— Vous vous offrez des chagrins? Quel luxe, ma chère !...
— Zut !

Jusqu'où va-t-on aller en marchant à ce train-là?... « Mon Dieu ! » pense Georges, « je serais bon de m'inquiéter des propos de cette jeune évaporée et de risquer un pied dans les bateaux qu'elle me monte !... » Tout de même il essaie de changer le cours de l'entretien :

— Mme de Jaserin, me disiez-vous, est partie avec mon père?

— Elle était enchantée de faire sa connaissance. Cela vous semble compromettant pour eux? inquiétant pour nous?... Rassurez-vous donc ! Ma mère a tout simplement sauté dans la première auto en partance, sans même vouloir attendre la sienne, parce qu'elle tient en ce moment à être debout et habillée dès huit heures du matin... Ce qu'elle a démène !... L'élection académique est proche et la maison Jaserin estime que Berberolles doit être élu.

— La maison Jaserin triomphera, comme à l'ordinaire. Et, d'ailleurs, Berberolles me semble avoir toutes les chances.

— Elle vous plaît, hein, la fille du candidat?

— Il s'agit de M. de Berberolles et non de sa fille.

Il a prononcé ces derniers mots sur un ton qui n'admet pas de réplique. Il vient d'éprouver une sorte de rage à l'idée seule que Némorine allait probablement blaguer, avec la rosserie bébête qui lui est familière, la sympathie très douce qui s'établit peu à peu entre Cécile et lui. Voilà une profanation qu'il ne permettra pas !... Son interlocutrice le pressent-elle?... Elle n'insiste pas sur ce point :

— Moi, vous savez, je m'en moque, de ces histoires d'Académie !... Vous trouvez ça drôle, vous?... Tenez, ce qui me paraît autrement drôle, c'est la tête que faisait Frigga, lorsqu'elle m'a demandé de rester à Chantefontaine en dépit du départ de ma mère et que je lui ai répondu : « Ça me va ! » Oh ! mais vous aussi, vous faites une drôle de tête... Cela vous ennuie donc tant que ça, de savoir que je prends racine en ces lieux?

Georges sent ses nerfs grincer en lui. Cette odieuse gamine mériterait à coup sûr une gifle... Mais que lui répondre?

— Votre silence équivaut à un aveu, — poursuit Némorine. — Vous êtes bouleversé parce que Frigga pourrait survenir et nous trouver seuls tous les deux dans l'ombre?... Soit ! j'ai pitié de vous. Allons ailleurs. J'ai besoin de vous parler sérieusement. Enlevez-moi... Oh ! pour quelques minutes seulement.

— Mais, Némorine, il me semble que, si vous aviez eu quelque chose d'important à me dire, depuis le temps que vous bavardez...

— Alors, c'est moi qui vous enlèverai !... En quelle époque vivons-nous, Seigneur ! Ce sont les garçons, aujourd'hui, qui font des grimaces devant les filles !... Voyons, laissez-vous faire, je vous jure de vous respecter. Les choses n'iront pas plus loin que vous ne le voudrez... Et puis, vous savez, à votre place, j'aimerai mieux céder tout de suite : je suis horriblement têtue et totalement dépourvue de fierté.

— Enlevez-moi donc, Némorine, — fait Georges avec un sourire amusé et las.

— Enfin !... Eh bien, prenez ma main, laissez-vous conduire... Là !... Suivons ce couloir... Un tour de clef dans cette porte, et nous voici de l'autre côté du château, à l'entrée d'une allée sombre, loin des yeux de la populace. Georges, savez-vous qu'il y a un amour de kiosque, au bout de cette allée sombre? N'ayez pas peur, nous n'entrerons pas dans le kiosque sans votre consentement.

Ils s'avancent lentement sous une voûte obscure et feuillue. Némorine s'est suspendue au bras de son compagnon et se serre contre lui du mieux qu'elle peut. Georges, malgré lui, s'incline pour sentir par instants contre sa joue la caresse d'une mèche folle envolée. Il comprend soudain que son trouble a changé de caractère, et il n'en est pas plus rassuré pour cela...

— Mon ami, — dit sa voisine d'une voix où un peu d'émotion frissonne, — je ne mentais pas en affirmant que je voulais vous parler sérieusement... Quand je proclame que vous me plaisez, ce n'est pas seulement pour faire enrager Frigga Papagus. Il y a du vrai, beaucoup de vrai dans ma profession de foi.

— Croyez que je suis très heureux...

— Je ne distingue pas bien votre visage, mais le ton sur lequel vous me dites que vous êtes heureux ne devrait pas me rendre heureuse... Que voulez-vous? J'ai mes idées à moi sur la vie, l'amour et le mariage ! Et je risque ma chance... Je pourrais vous dire : « Je vous aime », tout court... Cela traduirait bien médiocrement ma pensée... Mais vous, d'abord, comment me trouvez-vous, Georges?

— Délicieusement jolie, n'en doutez pas !

— Vous avez l'air sincère... Seulement « délicieusement jolie » c'est une formule toute faite, comme « je vous aime »... Je voudrais vous entendre dire quelque chose, de plus précis, de plus caressant... C'est très difficile à expliquer... Enfin, je vais vous mettre à l'aise, en vous parlant de vous avec une franchise épouvantable, comme je parle de vous avec moi-même... Je pense que vous devez être très bon à embrasser, et que... Eh bien, moi-même, à présent je n'ose plus aller jusqu'au bout de ma franchise... Mais, vous, dites un mot !... Dites-moi au moins que cela vous paraîtrait agréable de m'embrasser.

Elle est si près de Georges ! Comment voulez-vous qu'il puisse même se demander si les mots et l'attitude de Némorine le ravissent ou le révoltent, l'inquiètent ou lui font plaisir ? Il n'a plus dans l'âme que l'écho de la tendre chanson qu'on improvise près de son oreille, et le parfum d'une jeune chair caressée par l'étoffe presque irréelle d'une robe de soir.

— S'il me paraîtrait agréable, votre baiser ?... Ah ! mon Dieu...
— Prenez-le !... Oh ! Georges, Georges...
— Ma chère petite amie !
— C'était bon. C'était si bon... Alors vous voulez bien que nous ayons le droit d'ici quelques jours, d'en échanger beaucoup de pareils, et de meilleurs encore ?

La voici, la rançon d'une minute voluptueuse !... Ah ! voyez-vous, dans la vie, il est impossible, quoique l'on fasse pour s'étourdir, d'être occupé tout entier par le présent. Brusquement rendu à lui-même, réveillé et regrettant le songe, Georges murmure avec une assez piteuse mélancolie :

— Vous et moi !... Hélas ! il faut bien que je vous dise : non.

Pauvre petite Némorine ! pauvre petit cœur étourdi ! pauvre petite fille trop gâtée, naïvement pervertie, et qui a néanmoins sauvé du naufrage moral un certain courage et une jolie droiture ! Le refus de Georges ne peut la laisser indifférente, surtout après un baiser qui était bon, si bon ! Et cependant sa main n'a pas tremblé dans la main qui la tenait encore captive.

— Vous avez raison d'être franc. Je vous le répète : j'ai risqué ma chance ; j'ai perdu... Tant pis pour moi ! Je ne vous en veux pas.

— Je vous assure, Némorine, que j'imaginerais difficilement ce soir un bonheur plus précieux que celui de vous tenir de nouveau pressée contre moi ; mais, ceci, c'est du rêve... Et la vie est la vie ; et je ne suis pas du tout le mari qu'il vous faut.

— Qu'importe, si l'on a eu quelques bonnes minutes l'un près de l'autre, ce qui peut arriver après ?... C'est toujours ça de pris !

— Nos philosophies diffèrent. Mais n'allez pas croire que je sois très fier de la mienne.

— Alors, comment se fait-il que vous soyez amoureux de Frigga ?

— Laissez donc Mme Papagus tranquille... A la vérité, j'ai des naïvetés effroyables : je ne me marierai jamais, — oui ! j'en suis là, à mon âge ! — si ce n'est dans l'espoir de trouver auprès de celle que j'aurai choisie une sécurité et une paix qui représentent pour moi le bonheur.

— Pardon, Georges, de vous avoir reparlé de Frigga... Je viens d'être encore la petite personne odieuse que vous maudissiez au fumoir tout à l'heure... Je ne recommencerai plus jamais, du moins avec vous... Je sais bien, allez, que dans votre existence Frigga n'est guère qu'un accident... Et je comprends aussi, maintenant, beaucoup d'autres choses ; je devine même, peut-être, où est votre bonheur : vous n'êtes pas, disiez-vous, le mari qu'il me faut ; c'est plutôt moi qui ne suis pas la femme qui convient...

— On ne sait pas, — répond Georges très touché, — rien ne nous presse ; et vous pouvez changer puisque vous vous révélez capable de parler de la sorte.

— Changer !... Est-ce possible, quand on a été élevée comme moi, quand on a pris des habitudes d'agitation, de bavardage, de rosserie, de futilité ?... Mon ami, vous avez été franc, je serai franche : ma maladie est de celles qui ne se guérissent pas.

— Vous pleurez, Némorine ?
— Rassurez-vous, ça ne durera pas : ma maladie me dispense incurablement des longs chagrins... Voyez, c'est fini !
— Voulez-vous m'embrasser encore, Némorine ?
— Ma foi, oui. Vous connaissez mon principe : ce sera toujours ça de pris !... Ah ! non, pas comme cela, tout de même ; finissez, Georges... vous me donneriez trop de regrets !

**

Quand il revient au château où les invités envahissent la salle à manger, Georges apprend de Frigga que cette peste de Némorine, après une courte apparition, a refusé d'assister au souper, prétexté une atroce migraine et gagné sa chambre.

— Mais ses souffrances, — ajouta Frigga, — ne l'ont pas empêchée de faire des siennes ; elle a jugé bon de bouleverser les tables, de changer certains cartons, dans le dessein, sans doute, de m'agacer en m'éloignant de vous... La petite sotte !... Avec tout cela, je ne sais plus où vous êtes, mon ami.

— Cela n'a guère d'importance.

Les pensées de Georges l'entraînent maintenant bien loin de la poétesse. Le désir qu'elle lui inspirait un peu plus tôt lui paraît maintenant étonnant, presque risible, — comme un costume vieux de trois ans qu'on retrouverait au fond d'une armoire... Pauvre Frigga !... Certes il n'aura pas grand'peine à se montrer aimable quand ils seront enfin seuls ; mais, mon Dieu ! qu'elle ait au moins le bon goût de garder son lyrisme pour elle et d'être une savoureuse maîtresse. tout simplement !

— C'est vrai, cela n'a pas d'importance... A tout à l'heure, ô vous mon désir et mon dieu !

Elle éprouve tout de même le besoin de dire encore :

— Mon cœur bondit comme un agneau nouveau-né. Cette heure est nuptiale !

Et lui, poliment :

— Nuptiale, oh oui ! on ne peut plus nuptiale, ma bien-aimée.

Mais ce sera seulement quelques secondes plus tard que l'épithète accolée à l'heure par la poétesse prendra pour lui une signification inespérée, quand Cécile de Berberolles, l'apercevant, lui fera signe que sa place est à côté d'elle.

X

LIQUIDATION... FIN DE SAISON...

Mme Cerdille, depuis déjà huit jours, était installée dans un sanatorium, au bord d'un lac d'Écosse. La Faculté lui avait assuré qu'elle en reviendrait complètement délivrée de son implacable neurasthénie. Du reste, le remède, aussitôt qu'indiqué, avait eu d'heureux résultats : l'année précédente, c'est jusqu'en Islande qu'on avait expédié la pauvre dame. Cette fois, le voyage était moins pénible et moins long, ce qui l'induisait à supposer que sa maladie présentait un caractère de gravité moindre.

Quant à M. Cerdille, pressé de se débarrasser d'une cure obligatoire à Contrexéville (21 jours, 63 litres et demi d'eau) il s'était résigné à ce que le premier numéro de la Fleur d'Or ne parût que cinq mois plus tard, en décembre. On lui avait fait valoir que, de la sorte, le deuxième numéro pourrait porter sur sa couverture « deuxième année », et afficher ainsi une précoce noblesse. Bien qu'il ne fût pas plus sot qu'un autre, M. Cerdille avait paru se rendre à cet argument.

— Au fond, — confiait Torterel à Nono, — je crois bien que ce pauvre M. Cerdille, d'ailleurs sans trop s'en douter encore, commence à être un peu las du rôle qu'il a assumé. Puissé-je ne pas me tromper ! J'en serais ravi pour lui et, pour moi, plus encore...

Tout de même, comme bien l'on pense, le meilleur des pères jugeait indispensable de multiplier les conseils et d'exprimer diversement, avant son départ, mille inquiétudes. Certes, les résultats acquis le ravissaient, mais pour employer une expression dont je tiens à lui laisser la responsabilité tout entière, il redoutait que son jeune vainqueur ne s'endormît sur ses lauriers. Il eût notamment désiré que Georges employât les semaines où Paris est vide à se montrer dans les divers endroits où Paris est alors dispersé. Nono parvint à le dissuader d'un tel projet, au dernier moment :

— Ce ne serait point du repos pour lui. Ce pauvre petit, vous lui avez fait prendre un métier terrible...

— Oh ! il avait la vocation.

— Sans doute. Permettez-lui pourtant d'organiser ses vacances à sa guise.

— A-t-il un projet, au moins?

— Un projet que je crois excellent. Jusqu'au 15 septembre, Torterel, lui et moi nous irons travailler pour Bernaby dans quelque trou, bien sagement...

— Soit. Mais il ne faut pas qu'il néglige les invitations qui lui ont été adressées, ainsi qu'à Torterel, du reste : par M. de Berberolles à Castelmaur ; par Frigga Papagus à Chantefontaine, puis à Florence ; par Mme de Jaserin, à Venise ; par la comtesse Poporlo, au Spitzberg ; par les Rombier, à Barbizon.

— N'en jetez plus ! De toute manière il sera obligé de faire un choix... Je serai là, le moment venu, pour lui rafraîchir la mémoire.

— J'ai en vous une confiance aveugle, ma chère amie !

— J'en serai digne à une condition : c'est que vous veniez un beau jour nous surprendre dans le pays où nous irons nous cacher.

— Ah ! ceci, Nono, je vous le jure.

Le soir de son départ, il dîna chez Nono en compagnie de Torterel et de Georges. Son cœur était lourd d'attendrissement et de regret. Quand on quitta la table, il attira Nono à l'écart et lui glissa dans la main une enveloppe semblable à celle qu'il avait remise au directeur des Fantaisies-Françaises, quelques semaines plus tôt : « Pour vous et pour lui... Chut ! ne me remerciez pas : je suis bien un peu votre père... » A la gare, où on l'accompagna, M. Cerdille embrassa tout son monde... Son émotion, cependant fut modérée du fait qu'il découvrit par une heureuse chance qu'une jeune et jolie personne, d'aspect souriant et facile, s'était installée avant lui.

— Dis donc, père, — fit cet effronté de Georges, au moment où le train s'ébranlait, — je ne vais pas te chercher des journaux ? Tu as ce qu'il te faut pour te distraire en cours de route ?

— Veux-tu te taire, sale gosse !... Allons ! au revoir ! Travaillez bien, amusez-vous... A bientôt !

— A bientôt !... à bientôt !...
Pauvre M. Cerdille ! Il était vraiment si gentil que, lorsque le train eut disparu, son fils, Torterel et Nono n'éprouvèrent pas sans une certaine honte la joie de se sentir libres et pareils à des potaches après la distribution des prix. Mais, quelques minutes plus tard :

— Eh bien, Nono, il te l'a collé, le matelas? — demanda cyniquement Georges. — Fais nous voir ça.

— Bas les pattes ! C'est moi qui tiens la caisse. Toi, tu auras vingt sous tous les dimanches pour t'acheter des bonbons.

Cependant elle avait décacheté l'enveloppe, et tous deux comptèrent les billets bleus à la lueur d'un réverbère.

— Cinq mille ! Chic !... Je puis bien te le dire, il m'en a donné autant cet après-midi !... Non ! Non, tu peux garder ça, Nono : je te taperai quand j'aurai dilapidé la mienne, de galette... Et, maintenant, vive la joie ! On fiche le camp, hein? dès demain... Tout est prêt, mon vieux Torterel. Et j'ai fait ajouter pour toi un baquet de plus à ma voiture !...

**

Cependant, on ne partit pas le lendemain. Dès le début de juillet, Paris est comme imprégné d'une paresse incomparable et charmante, et le désir de profiter d'elle fut à coup sûr un des motifs qui invitèrent Torterel et Georges Cerdille à se reconnaître, pour quelques jours encore, accablés d'occupations ou d'obligations. La belle existence !... Chaque après-midi, on se retrouvait dans les bureaux de *Fleur d'Or ;* la revue future était alors bien sympathique à ses directeurs qui se croyaient séparés par les vacances du souci de penser moins platoniquement à sa destinée... Fabiac, Rambert, des amis ou des camarades venaient bavarder, fumer des cigarettes. A l'heure du goûter, un superbe personnage en livrée bleue, à la casquette brodée d'or, qui lisait des feuilletons dans le vestibule, allait chercher des rafraîchissements et des gâteaux chez le pâtissier le plus proche... Il avait l'air enchanté de son métier, ce brave garçon !

Mais, bientôt, ce fut une autre histoire. Rapidement, l'annonce d'une revue nouvelle avait circulé dans Paris. On en parlait dans les salles de rédaction et aux terrasses des cafés littéraires : « Il y a de l'argent ! Il faudra voir ça... Ce sera peut-être intéressant... » Dans les salons, on s'extasiait : « Il paraît que la couverture est délicieuse et que ce sera très bien, oh ! mais très bien !... » Certains ricanaient : « Une revue nouvelle !... Ma foi, il me semblait bien qu'il y avait tous ces temps-ci quelque chose dont le besoin se faisait sentir... Je comprends, à présent !... à présent !... Ce qui nous manquait, c'était une nouvelle revue ». D'autres haussaient les épaules : « Ce sera du propre !... S'ils ne comptent que sur ma collaboration... » Et, tout à coup, dans les bureaux jusque-là frais, silencieux, paisibles, ce fut un défilé ininterrompu de solliciteurs.

Ils s'amassaient dans le salon d'attente, sous les regards irrités du personnage en livrée bleue qui commençait à trouver la place moins agréable, se reconnaissaient avec un déplaisir manifeste et expliquaient avec des mots et des sourires au vinaigre leur présence dans la maison : « Que voulez-vous? Torterel m'a écrit cinq fois pour me supplier de lui réserver un conte !... Oh ! il n'est pas dit que je cède ! » — « C'est comme moi : Cerdille m'a juré qu'il préférerait envoyer tout au diable s'il n'y avait pas un de mes poèmes dans le premier numéro... »

Comme de juste, les ironistes, les grincheux et les sceptiques avaient été les premiers à se faire annoncer.

Mais il en vint bien d'autres, des vieillards et des enfants, des illustres et des inconnus, et des hommes, et des femmes, et des éphèbes qui ne pouvaient se résigner à être tout à fait des hommes, et des vierges qui avaient dans leur costume et leur attitude quelque chose de masculin. Puisque *la Fleur d'Or* allait éclore, une troupe de chevaliers bien modernes, bataillant dans la forêt broussailleuse de l'existence, se mettait en marche vers elle, dans le dessein d'empocher quelques débris de sa précieuse substance, ou avec l'espoir d'être illuminés par un reflet de sa gloire, de son éclat.

On vit venir l'Académicien sans travail qui tend un manuscrit d'un geste suppliant et parle néanmoins avec condescendance : « J'ai pensé, mon cher enfant, que mon nom vous serait utile... Et comme je vous aime beaucoup... » On vit venir le raté de vingt ans qui annonce : « Je suis chef d'école et j'ai du génie ; accueillez-moi : vous aurez dix mois la gloire de voir votre nom attaché à la plus grande révélation du siècle. » On vit venir la dame entre deux âges qui pose d'autorité trois romans manuscrits sur votre bureau en proclamant : « Notez bien que j'en ai vingt-quatre autres dans mes cartons, et qu'ils sont encore plus forts et plus beaux encore ! » On vit venir le garçon coiffeur qui fabrique des contes pour s'offrir des cravates, et l'antique marquise qui charge sa femme de chambre de composer ses élégies. On vit venir le jeune homme qui vous annonce : « Je suis un type dans le genre de Baudelaire ! » et la demoiselle qui se propose indifféremment comme dactylographe ou comme poétesse ; le jeune millionnaire qui vous offre dix mille francs par an pour être chez vous critique dramatique et l'enivrant esthète qui insinue ; « Oh ! cher... donnez donc un tour païen à votre revue !... Je vous amènerai des amis ! On organisera des fêtes !... » On vit venir la petite femme à qui son gigolo a dicté des pensées sur l'amour et qui murmure : « Mon style ? Il est aussi solide que ma gorge... Tâtez, monsieur ! » On vit venir

M. Cerdille glisse, en cachette une enveloppe à Nono.

les camarades lointains ou proches, ceux qui supplient et jurent qu'ils meurent de faim, ceux qui montrent de l'arrogance et font entrevoir les mille avantages qu'on aurait à leur être utiles, ceux qui larmoient et ceux qui bluffent, ceux qui se traînent à vos genoux et ceux dont la grandeur vous écrase... Et, entre autres, apparut un beau jour le jeune Léopold Bistingue, qui avait, lui aussi, comme on le sait déjà, une conception bien personnelle de son métier.

Il n'était pas venu chez Torterel le matin où M. Cerdille lui avait écrit d'y passer et d'apporter le relevé de ses achats mobiliers, depuis, il avait à plusieurs reprises retardé l'entrevue, prétextant une fois le travail, une autre fois la maladie. Torterel pensa : « S'il se décide à se montrer, c'est qu'il ne lui reste plus à manger la moindre bribe de la grenouille... Nous allons bien voir ! » Justement, ce jour-là, Georges venait de filer vers Chantefontaine, où Frigga Papagus, suspendue au téléphone depuis l'avant-veille, le suppliait de venir, ne fût-ce que pour une heure ou deux... Parfait ! Torterel serait plus à son aise pour tirer à ce jeune courtier en meubles-reporter-poète les vers du nez.

L'aspect de Léopold Bistingue était tel que son juge d'instruction aurait pu se passer à la rigueur des tuyaux de ce bon Chambert. Il avait un visage sournois et penché, aux grands yeux noirs doux et faux ; une moustache maigre ombrait sa bouche que tordaient irrémédiablement les sourires ; il était vêtu à la manière un peu trop voyante des adolescents qui ne se soucient de la mode que depuis peu ou qui n'ont eu que récemment les moyens de réaliser leurs rêves d'élégance. Il se présenta avec une aisance qu'il avait dû préparer à la porte. Et il se hâta, comme il fallait s'y attendre, de proclamer son admiration pour Torterel.

Mais celui-ci, qui détournait la tête comme par crainte d'un trop brusque coup d'encensoir :

— Asseyez-vous donc, je vous en prie. Je suis moi-même enchanté, monsieur...

Ah ! ça ne traîna guère ! Mis en confiance par le sourire à peu près cordial que Torterel venait, non sans effort, d'accrocher à son visage, par la camaraderie et l'intérêt avec laquelle on feignait de lui parler, Léopold Bintingue changea brusquement de physionomie, d'attitudes, d'accent même. La sincérité lui allait encore plus mal que l'hypocrisie. A présent, il avait tout à fait l'air d'un apache en herbe ravi d'avoir rencontré un aminche illustre, considéré dans leur monde et de précieux conseil. Dès que Torterel eut parlé de la richesse et de la générosité de M. Cerdille, de la largesse avec laquelle les collaborateurs de la Fleur d'Or seraient payés, de la facilité qu'ils auraient à obtenir des avances, voilà ce pauvre petit gredin naïf qui oublie toute retenue, qui rayonne de joie, qui tape gaillardement sur l'épaule de son interlocuteur et qui lui dit :

— Sacré veinard ! Vous devez en savoir quelque chose... Oh ! vous êtes un bon type ça se voit tout de suite ; aussi, je ne suis pas jaloux... Et même ce que vous venez de me confier me met à l'aise pour...

Cependant, il ne paraissait pas être aussi à son aise qu'il l'assurait ; mais Torterel, du ton le plus encourageant du monde :

— Allez donc ! Allez donc !

— Voici : je me doutais bien que M. Cerdille ne serait pas dur pour les avances ; aussi, ayant été jusqu'ici l'unique trésorier de la Fleur d'Or, je n'ai vu aucun inconvénient à

en prendre une : le futur collaborateur l'a sollicitée et obtenue du caissier momentané... C'était assez naturel, n'est-ce pas?
— Comment donc !
— Alors, comme il me restait une petite somme après avoir payé les factures...
— Tant que j'y pense, permettez-moi de vous complimenter du goût avec lequel vous avez choisi notre ameublement ! Il n'y a pas à dire, c'est délicieux.
— C'est vous qui êtes délicieux. Oh ! nous nous entendrons à merveille... et vous aurez en moi un allié... Où en étais-je?... Ah ! oui, il me restait donc une petite somme ; d'autre part j'étais un peu gêné ces temps-ci...
— Je comprends. On va arranger ça ! Vous avez les reçus?
— Les voici.
— Et vous devriez me remettre?...
— Une petite somme, vous dis-je... Sept cent quatre-vingts francs trente centimes pour être exact... Oh ! je n'ai aucune inquiétude : puisque la *Fleur d'Or* justifiera son nom, j'aurai vite rattrapé cela.
— Bien entendu !... Sacré Bistingue !... Voyons, pour nous mettre en règle, vous allez me faire un reçu... Oui ! ça passera comme ça ; je m'en charge !... Installez-vous... Reçu des Directeurs de *la Fleur d'Or*, à titre d'avance sur ma collaboration... Parfait ! Signez, datez... Maintenant, nous voici tranquilles !
— Ah ! vous êtes rudement chic, mon vieux !

Et Bistingue s'avança vers son sauveur, une main tendue. Mais la main gauche de Torterel était occupée à faire danser un coupe-papier sur le coin de la table, et sa main droite à enfouir au plus profond d'une poche les factures et le reçu.
— Merci, — fit le directeur de *la Fleur d'Or* d'une voix dont le timbre s'était modifié soudain. — A mon tour, laissez-moi vous féliciter ; vous ne manquez pas de chance : le hasard veut que je dispose personnellement de la somme de sept cent quatre-vingts francs trente centimes, ce qui me permettra de laisser croire à M. Cerdille que vous n'êtes pas un voleur...
— Monsieur !
— Mais rendez-vous bien compte, pour votre gouverne, que grâce au reçu que vous venez de signer, j'ai la preuve du vol dans ma poche... Restons-en là ! Je n'abuserai pas de ma force ; je ne vous demande qu'une chose, c'est de disparaître au plus tôt de ces lieux et des environs, sinon...

Léopold Bistingue, très pâle, se redressa prit son chapeau et, tout en se dirigeant vers la porte :
— Vous m'avez roulé, — ricana-t-il. —

Monsieur Torterel, on ne m'a pas trompé, en m'affirmant que vous étiez un arriviste féroce... Soit ! Vous mangerez le gâteau tout seul, mais...

Il ne continua pas ; sa collection de coups de pieds au bas des reins venait de s'enrichir encore... Il faut reconnaître, du reste, que dans l'instant qui suivit, tandis que Torterel éprouvait quelque honte de n'avoir pas pu résister à sa colère, le jeune Léopold Bistingue, lui, sortit du bureau directorial avec beaucoup de dignité.

*
* *

Contre toute attente, Georges, ce soir-là, ne revint pas de Chantefontaine. Vers six heures, les visiteurs ayant sévi plus encore qu'à l'ordinaire, Torterel parfaitement exaspéré rangea quelques papiers, prit son chapeau, sa canne, et annonça au personnage en livrée bleue, dont les yeux s'éclairèrent aussitôt d'une lueur de gratitude, qu'il pouvait désormais inviter à repasser en octobre les gens désireux de voir MM. les Directeurs.

Le lendemain, il fit quelques visites d'adieu. Il prit grand soin de passer chez chez Mme de Jaserin, à l'heure où celle-ci devait être « en conversation d'affaires » avec M. d'Ombrailles, dans le salon montmartrohindou. Précaution superflue : M. de Jaserin bataillait aux quatre coins de Paris, de huit heures du matin à minuit et plus, en faveur de M. de Berberolles.

Torterel fut reçu par Némorine. Cette petite fille lui confia qu'elle avait eu un gros chagrin, mais que c'était fini, à présent...
— Tant mieux ! Vous savez que je vous aime bien.
— Alfred, l'an passé, à Fontainebleau, vous m'aimiez, tout court !
— Vous regrettez un peu ce beau temps-là?
— J'en ai peur... depuis que vous êtes entré ici et que vous me parlez gentiment, doucement, comme le soir où... Vous rappelez-vous? Maman dormait ; nous étions seuls sur la terrasse...
— Chut ! Nous allons nous quitter pour deux mois ! Il serait dommage de ne retrouver un très cher bonheur qu'au moment de le perdre une fois de plus.
— Vous avez raison.
— Mais voudrez-vous, Némo, que nous reprenions cet entretien à Venise?
— Vrai? Vous y viendrez?
— Si vous m'en priez.
— J'attendrai donc la fin de septembre impatiemment.

Au matin du jour suivant, Georges, tout

guilleret, vint surprendre Torterel au saut du lit :

— Eh bien, mon vieux, il paraît que tu as donné des ordres pour fermer la boîte ?

— Oui ! Et comme je me demande ce que nous fichons à Paris, je te préviens qu'avec ou sans toi, je file !

— Mais je ne demande pas mieux, moi-même, que de filer... Auparavant, je tenais à être fixé sur un point... C'est à peu près fait, depuis tout à l'heure...

— Tu ne t'embêtais pas auprès de Frigga, semble-t-il ! Les adieux furent-ils déchirants ?

— Afin de couper à ce déchirement, j'ai quitté Chantefontaine de très bonne heure... Je savais qu'à ce moment-là Cécile de Berberolles seule serait éveillée dans la maison.

— Les Berberolles sont donc encore les hôtes de Frigga ?

— Je l'ignorais moi-même avant-hier. Ils restent à Chantefontaine jusqu'à l'élection.

— C'est-à-dire jusqu'à demain soir ? A cette heure-là, nous serons loin !

Pourtant, à cette heure-là, Nono, Torterel et Georges ne s'étaient guère éloignés de Paris. Ils étaient en panne à Versailles ; panne morale, si l'on peut dire, et où l'auto n'était pour rien. S'apercevant soudain que, dans la précipitation du départ, ils avaient oublié de se demander où ils allaient, ils se voyaient contraints de s'arrêter pour décider quelque chose. Cette aventure leur permit d'apprendre le jour même que le poète élégiaque Gaspard de Berberolles avait été élu membre de l'Académie française par dix-neuf voix contre quatorze à Victorien Golembois, l'économiste bien connu.

XI

EN VACANCES

Paramé ?

Une plage avec la mer. Un journal qui vous apprend que le jeune et brillant poète Georges Cerdille et M. Alfred Torterel, l'éminent écrivain, sont à Paramé... Des visites. Des invitations.

Le Croisic ?

L'océan. Une plage. Un journal qui annonce que MM. G. Cerdille et A. Torterel, les poètes, sont au Croisic. Invitations et visites.

Ainsi, grâce aux échos vigilants et impitoyables que M. Cerdille, préalablement renseigné grâce à d'affectueuses cartes postales de ses « enfants », envoyait par télégramme aux agences, les deux amis trouvèrent le même accueil odieusement empressé chez les hôtes de Douarnenez, de Saint-Lunaire... et j'en passe. Fallait-il donc aller à Trouville, où l'abondance des célébrités procure à chacune d'elles une sorte d'anonymat sur le sentier de planches ? Nono en eût peut-être été tentée, à cause des toilettes qu'elle emportait dans son bagage, et peut-être Georges se serait-il laissé faire, à cause de Nono.

Mais Torterel ne voulut rien entendre.

Après avoir interdit à ses compagnons et à lui-même la lecture du *Barbier* et du *Faublas* autant que s'ils avaient été, par ces temps de peste, imprimés en Mandchourie, il formula sa volonté de gagner par les voies les plus rapides le trou le plus inconnu. Il oubliait que la première condition de gagner un trou inconnu, c'est de le connaître, ou de le découvrir.

Il ne leur restait donc plus que la ressource de partir à l'aventure, lorsque Torterel eut une idée : comme, dans le fond, un trou inconnu est celui où l'on ne connaît personne, pourquoi ne pas aller sur une plage étrangère ? Fraülein Rudolfa Weiss, la célèbre traductrice, lui avait jadis conseillé un séjour à Sassnitz, au cas où il aimerait les falaises, les hêtres et le bon lait.

— Aimes-tu les hêtres, Nono ?

Nono les adorait de confiance.

Quelques jours plus tard, nos amis étaient installés dans la villa du docteur Vogelmann-Rathvoll, dont le nom germanique signifie tout simplement : homme-oiseau plein-de-sagesse. Encore qu'il ne fût que docteur en droit, il avait inventé contre la neurasthénie un traitement qui consistait à boire de l'eau de mer. Aussi sa villa était-elle fort bien placée devant la mer, comme un comptoir au fond d'un magasin. L'impuissance totale où il était de prononcer un mot français permit à ses hôtes de ne se soigner que par la vue et par la marche.

C'était une bourgade où l'on avait réuni dans l'espace le plus restreint les agréments pour lesquels on croit qu'il est des plages à la mode. Il y avait en effet des falaises, comme à Etretat, du sable fin comme à Trouville, un kiosque à musique comme à Douarnenez. Les hêtres seuls et les chapeaux de Nono donnaient tour à tour au pays une originalité solide ou un furtif caractère amusant.

Peu de promeneurs. Dès qu'on apercevait une trace de pas sur le sable, on la suivait instinctivement, comme une piste. Les rares nageurs se mettaient au plus vite dans le sillage du moindre canot.

— Enfin ! nous voici tranquilles, — s'exclamaient en chœur Torterel et Georges.

— Et comme la mer est bleue ! — disait Nono.

Ceci n'était pas seulement l'expression d'une vérité générale, comme la vue des éléments en arrachait au maréchal de Mac-Mahon. La mer était d'un bleu incroyable, d'un bleu à vous donner envie d'en prendre dans vos mains. Les falaises semblaient des linges en train de sécher au-dessus de cette lessive. Et Tortorel se proposait de modifier, à la rentrée, les décors des pièces d'Ibsen, où nos régisseurs s'obstinent à mettre des héroïnes et des perspectives décolorées. Le lait lui-même, le fameux lait recommandé, était légèrement teinté d'azur.

Le temps passait si vite que le bain de quatre heures paraissait toujours suivre immédiatement le repas... Nono commençait à s'habituer à la cuisine. Elle n'avait plus de ressentiment que contre les draps, lesquels rappelaient fort (mais non pas à elle) les sacs du régiment ; Georges, tout dévoué, s'ingéniait à les fixer chaque soir aux quatre coins du lit, avec des punaises. On allait sur le soir s'étendre sous les hêtres, autour desquels flottaient des myriades de petits insectes amusants ; ensuite, on regagnait la villa par le bourg, sans crainte des fâcheux, et c'était une joie toujours nouvelle que de demander à la poste-restante si par hasard on n'avait pas reçu des lettres au nom de Monsieur Jean Aicard.

Et puis, *le Barbier* n'arrivait pas jusqu'à Sassnitz... A vrai dire, le pays semblait ignorer qu'il existât des journaux dans le reste du monde.

En quoi Tortorel et Georges se trompaient.

L'Hôtel Bavaria en recevait un, et même le plus grand du monde, le *New-York-Annunciator* : un mètre sur soixante-quinze centimètres, quarante-quatre feuillets.

Et ceci fut pour leur tranquillité le commencement de la fin.

**

C'est Fraülein Rudolfa Weiss, la célèbre traductrice, qui a découvert dans Alexandre Dumas père la ligne relative au *Faust* de Gœthe. Il n'est donc pas très étonnant qu'elle ait déniché dans les quarante-quatre mille lignes du *New-York-Annunciator* l'entrefilet qui signalait au monde élégant et lettré que MM. G. Cerdille et A. Tortorel, les illustres directeurs de *la Fleur d'Or*, étaient partis pour Sassnitz « chasser le chamois ».

« Il y avait eu, comme l'on voit, une forte confusion dans les notions géographiques du père de Georges ; la consonance plutôt austro-slave de ce nom : Sassnitz, lui avait fait croire probablement que le village se trouvait dans le Tyrol, sinon dans quelque région balkanique. Mais ceci ne modifia en rien les projets de Fraülein Rudolfa : elle ignore le mot chamois comme elle ignore le mot lapin et peut-être même le mot cheval ; spécialement adonnée à la traduction des philosophes, elle ne reconnaît guère, écrits ou imprimés, que les termes abstraits.

Et la voici qui, brusquement, se décide... Affublée d'un long macferlane qui a l'air, lui aussi, avec ses manches vagues, d'un vête-

Un long défilé d'auteurs se dirige vers les bureaux de la Fleur d'or.

ment abstrait, elle se dirige d'un pied agile, quoique fort volumineux, vers la villa Vogelmann-Rathvoll.

Elle est de ces personnes qu'on identifie de loin et qui viennent sur nous avec la marche implacable du couperet dans le conte d'Edgar Poë. Torterel, qui ne l'a jamais vue qu'à un five o'clok du *Barbier*, et assise, la reconnaît tout entière dès qu'elle apparaît devant la terrasse où, en compagnie de Nono et de Georges, il joue à ne penser à rien. Et aussitôt Fraülein Weiss agite un bras, son mouchoir, son ombrelle :

— Hop ! — s'écrie-t-elle — debout...

Il affecte de ne pas la voir, de croire qu'elle parle en allemand. C'est en vain ; il est retrouvé.

— Je vous salue, docteur Torterel... Tête nue, par ce soleil ! Vite, votre chapeau... Je vous emmène au thé des Conrad. Vous ne connaissez pas les Conrad?... Est-ce possible?. Ils vous connaissent bien, eux, car je leur ai parlé de vous. Et ils attendent aussi l'illustre poète docteur Cerdille. On vous attend également, Madame. Dites-moi votre prénom. J'adore les prénoms féminins français ; masculins français aussi, d'ailleurs. Connaissez-vous un prénom plus joli que celui de Daniel? Car c'est bien le vôtre, n'est-ce pas, docteur Cerdille?

— Hélas ! je m'appelle Georges, tout simplement.

— Il s'appelle Georges, comme le prince de Saxe-Meiningen ! Je suis de Saxe-Meiningen !... Vous allez voir chez les Conrad Frank Karman-Sitat, l'illustre acteur, inventeur du canard mécanique qu'on voit flotter au-dessus des eaux, dans *l'Or du Rhin*...

Elle aide, d'autorité, Nono à passer sa jaquette ; elle coiffe Torterel ; elle boutonne le premier bouton du veston de Georges, qui frémit, car le second tient à peine ; heureusement qu'elle n'y touche pas : le prestige de l'élégance française est sauf ! Et l'on se dirige vers l'habitation des Conrad.

On traverse une cour plantée d'arbres en boule auxquels sont suspendues des oranges rouges en métal peint ; on pénètre dans un vestibule aux cloisons plaquées de bois noir, avec corniches dorées ; les quatre fenêtres doubles du salon ne laissent pas entrer le jour sans le tamiser de rideaux à fleurs : il y a des chats en carton sur tous les meubles, des chiens bassets en porcelaines sous les chaises, des inscriptions accrochées aux murs sur des plaques bleues.

M. Conrad est là, dans un veston violemment vert, — couleur impardonnable puisqu'elle n'a pas à faire ressortir, à la boutonnière, le ruban d'un ordre national ou étranger. Ancien docteur en médecine, M. Conrad le serait encore, si, voilà quelques années, Yvette Guilbert n'était passée par Dresde. Conquis aux Muses depuis cette époque, il s'accompagne sur une viole d'amour énorme (il a l'air de jouer du violoncelle à bout de bras, et chante d'une voix fluette, incroyablement haute, les airs bourrus et éclatants des reîtres du moyen âge ; il fait penser ainsi à un enfant de chœur entonnant : Toréador !...

Près de lui, voici Mme Conrad, — Frau Doktor, — assise en face de son dernier tableau, *Circé et les Grecs après leur métamorphose*, œuvre colossale qu'elle vient de terminer et qu'elle destine au salon d'automne parisien. Et voici enfin Frank Karman-Sitat, l'acteur-auteur, qui, pour se montrer à Paris, consentirait à tous les sacrifices, même à y jouer une pièce de Sudermann dont il traite l'œuvre de « rouille obscène ». Son grand rêve est de faire représenter sur un théâtre des boulevards « Fée Faïna », une féerie dont les personnages sont des enfants de quatre ans, quand même il devrait employer à cet effet la troupe de Dusseldorf, dont le directeur n'admet que des sujets d'une taille supérieure à un mètre quatre-vingt centimètres.

Tous trois se précipitent :

— Ah ! Madame, Messieurs !... Mlle Weiss nous avait bien juré qu'elle vous amènerait ici de gré ou de force... Nous nous estimons doublement fortunés de vous voir, car c'est prochainement que nous donnons, comme il nous arrive de temps en temps, une petite fête amicale en l'honneur du Symbole. Et vous êtes symboliste, docteur Cerdille, n'est-il pas vrai?

Georges hésite : Torterel vient à son aide :

— Le poète Georges Cerdille, — déclare-t-il froidement, — n'admet le symbole que comme entité.

Fraülein Rudolfa explique aux Conrad cette phrase abstraite. On en tire cette conséquence directe que Georges est plus kantien que nietzschéen. Il l'apprend sans sourciller, du reste.

— Nous serons de la fête, — dit Torterel — mais que nos hôtes nous montrent jusqu'au bout cet intérieur charmant...

Et la visite se poursuit par le cabinet de toilette où chaque cuvette est une baignoire, par la salle à manger où chaque chaise est un trône, par la bibliothèque où chaque volume est une malle : l'ambition pangermanique a gagné le moindre objet ; les cendriers tiendraient les cendres de Rome... Cependant, les discussions littéraires, esthétiques et philosophiques vont leur train. Torterel monte cyniquement à ses hôtes les bateaux les plus formidables : il leur parle de ses relations, de la vie de Paris, les auteurs qui y sont illustres ou à la mode ; il leur décrit Tristan Bernard, un petit blond, maigre et rasé ; il dépeint les réceptions poétiques de la marquise d'Egrotan, qui se termineraient, à l'en croire, par des orgies renouvelées de la décadence byzantine. Prodigieusement intéressé, M. Conrad finit par lui demander la permission de prendre des notes.

Georges et Nono évitent de se regarder en face, pour être plus sûrs de garder captifs les rires qui gonflent leur poitrine. Jamais conversation littéraire, esthétique et philosophique ne les aura si follement amusés.

*
* *

Si l'on appelle lettre anonyme un billet signé « votre ami le plus fidèle », et vous annonçant que votre ami le plus cher vous trompe avec votre maîtresse, nul doute : c'était bel et bien une lettre anonyme qui venait de rejoindre à Sassnitz Georges Cerdille, après diverses tribulations. Quelques lignes d'une écriture soigneusement originalisée lui apprenaient que Torterel et Mlle Noémi Lang (des *Fantaisies-Françaises*), désirant sans doute parler de lui avec moins de contrainte, avaient coutume, au cours de certaines visites qu'ils se faisaient l'un à l'autre, de se mettre dans le plus simple appareil.

Georges ignorait absolument ce qui s'était passé entre Torterel et Léopold Bistingue, comme aussi les détours délicieux de l'âme de ce dernier. Néanmoins, il n'éprouva même pas à cette lecture le petit sursaut de répulsion que provoquent en nous des rapports de ce genre. Il considérait un tel potin comme la rançon de sa célébrité et la conséquence de son métier de poète. C'était là, au fond, de la publicité. Les journaux aussi sont des lettres presque anonymes... En s'habituant à leur complaisance, il était, du même coup, devenu capable d'envisager philosophiquement leurs indiscrétions. Il sourit donc comme il l'eût fait si *le Barbier* (en admettant que cet organe eût oublié par hasard sa pudeur célèbre), avait publié en bonne place un entrefilet ainsi conçu :

« Hier, à trois heures de l'après-midi, M. A. Torterel, le jeune romancier bien connu, a trompé M. G. Cerdille, le distingué poète, avec Mlle Noémi Lang. »

Il mit donc la lettre dans sa poche, sans plus d'arrière-pensées que s'il avait gardé par négligence un bulletin de bonne aventure donné par un sourd-muet, et lui apprenant qu'il deviendrait l'homme le plus riche d'Australie, après un mariage d'amour. Et puis, Torterel et Nono allaient bien rire !

Il rentrait à la villa afin de leur apprendre la nouvelle, quand Fraülein Dodo Eberlein une pensionnaire du docteur Vogelmann-Rathvoll, le retint au passage. Fraülein Dodo prétend descendre de ce chevalier impérial qui, condamné à mort par les Nurembergeois, vers l'an 1350, demanda à caresser une dernière fois son cheval de bataille, l'enfourcha et disparut. Pour dire vrai, le chevalier s'appelait Ebarlein, ce qui est un nom de ville, tandis que Eberlein signifie « marcassin de lait ». Dodo avait en effet des cheveux incolores, qui faisaient assez bien penser à de jeunes soies.

— Docteur Georges, — s'écria-t-elle, — le photographe des belles est ici. Je vous emmène à la plage. Georges se laissa emmener.

Le photographe des belles est une institution nationale. Pour répandre dans l'Allemagne entière l'amour des mers qui baignent ses territoires, les municipalités de chaque ville d'eau expédient vers l'intérieur des millions de cartes postales représentant leur grève et leurs hôtels. Comme il s'agit surtout de détruire l'attrait de Trouville ou de Biarritz, le prestige de leurs élégances et de leurs élégants, une équipe de seize jeunes Allemandes choisies à cause de leur beauté par le Comité-central-des-Bains-du-Nord se fait photographier sur chaque plage, s'ébattant parmi les flots de la patrie.

L'équipe, qui était la veille à Binz en maillot bleu ciel, et qui devait évoluer le lendemain du côté de Kiel en maillot or, rouge et noir, se jetait à la mer ce jour-là en maillot safran et rose.

Dodo Eberlein et Georges arrivèrent à la baie alors que les néréides, plongées jusqu'aux hanches, après s'être aspergé les épaules afin que l'étoffe devint plus collante encore, faisaient des gestes gracieux... Et l'on eût dit seize culs-de-jatte essayant d'imiter avec ce qui leur restait de membres certaines attitudes d'Isadora Duncan. Puis, dans leur groupe, se faufilèrent quelques jeunes gens pourvus de monocles, habiles nageurs dont les têtes seules apparaissaient. Beau cliché pour une carte postale portant cette légende :

« Ce qui manque aux plus considérables plages du reste de l'Europe : les bains de famille... »

Comme ces demoiselles, ruisselantes, sortaient du bain et s'installaient sur la grève, offrant leurs nuques, leurs croupes et leurs gorges à de nouveau clichés, Georges s'esquiva dans le but de convier ses amis à ce spectacle.

Il suivit le sentier ombreux creusé dans la falaise. La mer était dorée, le ciel sans un nuage ; des voiles heureuses circulaient nonchalamment dans la baie. Il en vint jusqu'à se réciter des vers qu'il improvisait tout en marchant, en vérité comme s'il n'avait jamais fait que cela dans son existence !... Il entra dans la villa, et entr'ouvrit sans bruit la porte de la chambre de Nono, qui devait dormir.

Nono dormait, en effet. Elle avait même choisi la pose que préférait Georges : la tête sur son bras nu, la bouche mi-close, une jambe jetée en arrière à la recherche de la fraîcheur, comme une racine d'arbre vers un ruisseau..

Mais elle ne dormait pas seule.

Sur le même lit, Torterel était étendu ; et, bien qu'il se trouvât tout près de la ruelle alors que Nono occupait le bord opposé, leur tenue excessivement intime et négligée ne laissait aucun doute sur ce qui venait d'avoir lieu. Avant de dormir séparés, ils avaient dormi ensemble, comme il est dit dans l'Écriture.

Georges, après une seconde de stupéfaction, sourit sans la moindre amertume, referma doucement la porte et redescendit l'escalier avec plus de discrétion encore qu'il ne l'avait gravi.

XII

EXPLICATIONS

Torterel et Georges avaient frété un canot à voile et croisaient à quelque cent mètres de la côte. Ainsi désœuvrés, ils avaient l'air de contrebandiers attendant la nuit ou de douaniers dormant d'un œil. En réalité, ils se contentaient de guetter le passage des grands vapeurs qui font la navette entre la Suède et l'Allemagne. Dès qu'il en apparaissait un, ils dirigeaient leur embarcation perpendiculairement au puissant remous : cela les balançait.

Les plaisirs de l'escarpolette, qui troublent fâcheusement le cœur de certaines gens, ne sont pas sans charme pour les âmes de quelques autres. Torterel regardait Georges avec plus de sympathie encore qu'à l'ordinaire. Ses pieds risquant de salir le pantalon blanc de son camarade, il les retira soigneusement. Il lui offrit même une goutte de ce rhum qu'ils emportaient dans une gourde à chaque promenade, en cas, sans doute, d'un naufrage possible sur un rivage désert. Puis, tandis que le remous du dernier steamer achevait de s'éparpiller sur les vagues, Torterel laissa tomber la voile à mi-mât, comme on se rend après une longue bataille ; il était paisiblement satisfait de lui-même et du ciel ; il frappa jovialement sur l'épaule de Georges :

— Ah ! mon vieux, c'est dommage que la vie soit la vie : elle a ses bonnes heures !

Georges déroulait l'écheveau d'une idée assommante :

— Tu te repens ? — demanda-t-il avec un sourire distrait.

Les sourcils de Torterel prirent la forme des accents circonflexes qui, sur les visages humains, ont, paraît-il, valeur de points d'interrogation.

— Tu m'as vu... lorsque je vous ai vus ? — continuait Georges.

Torterel se sentit assez mal à l'aise. Il devinait à peu près. Il s'agissait d'une femme, il s'agissait de Nono... Et Georges ne semblait même pas le dissimuler, à cause de l'ambiguïté de son sourire. Mais il parlait avec tant de calme que Torterel, ne pouvant croire que son ami connût la vérité tout entière, tenta, avec une inutile adresse, de détourner ses soupçons par divers aveux :

— Nono et moi, veux-tu dire ?... Hier, quand j'avais passé un bras autour de sa taille pour l'aider à monter l'escalier ?

— Non. Toi et Nono, aujourd'hui, à quatre heures. L'escalier était gravi ; tu ne la tenais plus par la taille.

De même que Georges avait éprouvé un peu plus tôt tous les sentiments qui précèdent le chagrin et le désappointement et n'avait été en fin de compte ni désolé ni déçu, de même Torterel sentit son cœur s'apprêter à la crainte, au remords, et ceci l'amena, conclusion étrange, — à éclater de rire :

— Oh ! oh ! — s'écria-t-il, — tu nous as vus par le trou de la serrure ?

— Par la porte ouverte. Vous dormiez... Très loin l'un de l'autre, à vrai dire... Quelqu'un qui n'eût point pensé à mal aurait pu s'y tromper. Je dois t'avouer que j'ai eu le cœur serré, moi qui tous les soirs accrochais amoureusement les draps avec des punaises, de les voir ainsi flottants, roulés par en bas, roulés par en haut.

— Pauvre vieux !... Et... j'étais sur le dos ?

— Sur le côté droit.

— Tant mieux ! Tu me rassures. Je ronfle quelquefois, sur le dos, quand je suis fatigué.

— J'avais envie de tousser un peu, pour te réveiller et t'apprendre à tromper tes amis.

— Il faudrait parfois un canon pour me faire ouvrir l'œil.

— Je n'en avais pas sur moi.

— Tu m'en voulais ?

— Je n'étais pas précisément enchanté, je

n'étais pas non plus en colère. J'étais un peu faible, un peu brouillé, comme après le bain ; si j'étais sorti de l'eau à ce moment, il me semble que je n'aurais pu attribuer mon état à une autre cause... J'ai pris le thé ; ta tasse était là... Je me suis senti un peu seul...
— Tu l'aimes, Nono?
— Certainement. Ou, plutôt, j'ai tous les bons sentiments possibles pour elle, sauf ceux sur lesquels les livres nous ont appris à coller, comme une étiquette, le nom d'amour. Elle est si gentille ! Elle se tient bien dans la rue et, en auto, ne bouge pas... Je l'aime comme j'aimerais une sœur de lait. Elle m'aime maternellement. Il y a un peu d'inceste dans notre cas... Et toi?
— Moi? C'est ma meilleure camarade. Je suis homme, elle est femme : il y a des moments où ce détail nous revient à l'esprit, et alors, dame !... Mais, ensuite, nous n'en sommes pas plus fiers pour ça. Il m'a toujours semblé que je trompais quelqu'un avec elle.
— Tu en as de bonnes !
— Ce n'est pas de toi qu'il s'agit.
— Je viens d'être méchant en te disant : « Tu en as de bonnes ! » Je suis sûr que tu es sincère en me répondant : « Ce n'est pas de toi qu'il s'agit. » A la vérité, moi-même, j'ai éprouvé près de Nono un sentiment analogue. Mais qui trompions-nous ainsi d'avance?
— Nono est le contraire de ces jeunes femmes qui sont bonnes camarades avec leurs protecteurs et font l'amour avec leurs petits amis. C'est par camaraderie qu'elle nous accorde ses faveurs ; seul, c'est un protecteur ou un tuteur qu'elle aimera d'amour véritable. Et il ne sera pas à plaindre, cet homme-là !

Ils abordèrent à l'escalier d'une terrasse où Nono humait avec une paille de la fraîcheur et de la couleur dans un verre où il y avait de la glace pilée et autre chose. Dès qu'elle les vit, elle se leva précipitamment, agitant une lettre :
— Il m'a écrit ! Il m'a écrit !...
— Qui t'a écrit? Fallières?... Laissenous au moins amarrer.
Ils le firent avec une lenteur et une indifférence qui froissait visiblement Nono.
— Mais enfin, Georges, c'est de ton père qu'il s'agit... Il arrive ! Écoutez : « Chère Mademoiselle et amie, je pense être à Sassnitz le surlendemain du jour où vous aurez reçu ma lettre. Je n'ai pas besoin de vous dire... »
Elle lisait avec vigueur et émotion, au sommet de l'escalier, pareille à Lysistrata haranguant les femmes. Mais soudain, elle s'arrêta, haussa les épaules avec colère et gentillesse, froissa le papier, le jeta dans la mer. Ah ça, qu'est-ce qu'ils avaient donc, l'un et l'autre, à échanger des sourires avec l'air exaspérant et un peu niais des petites complicités?...

***

Chez les Conrad, le Dr Kropp donnait, devant un tableau noir, au milieu d'un nuage de craie, un aperçu de diverses méthodes inventées par lui pour symboliser le Symbole. Frau Conrad en profita pour entraîner Georges dans son boudoir. Jamais nom n'avait étymologiquement mieux convenu à une pièce de ce genre : tout objet semblait y prendre un air boudeur, bougon et même agressif. La dame de céans elle-même ressemblait à la vierge de Nuremberg, qui referme son manteau de clous sur l'imprudent visiteur : quelles que fussent ses intentions, on sentait désormais que toute tentative de s'y dérober serait vaine.
— Ce que j'attends de vous, maître, vous allez le savoir... Mais regardez d'abord cette collection de cartes postales. Ce sont « les baisers en face des plus considérables monuments, merveilles ou curiosités terrestres »... Tous nos photographes ont à cœur d'augmenter cette intéressante série : Voici Saint-Étienne, de Vienne ; c'est le fameux acteur Mondthal qui posa, avec sa femme. Voici la Zugspitze, la plus haute montagne d'Allemagne ; le couple est formé par un Tyrolien et une Tyrolienne, les plus grands qu'on ait pu trouver, afin qu'il y ait moins de disproportion entre l'homme et la nature : très esthétique, cette idée, ne trouvez-vous pas?... Et voici le monument de Bismarck à Hambourg : c'est moi-même avec M. Conrad. Quel homme merveilleux, n'est-il pas vrai?
Georges, qui ne savait s'il s'agissait de Bismarck ou de M. Conrad, fut tout à fait de son avis. Par moment, il jetait autour de lui des regards inquiets, comme s'il s'était méfié d'un photographe. Sa méfiance était particulièrement justifiée :
— Dès demain, — continua Frau Conrad, — on vous photographiera avec Mauemoiselle votre bien-aimée, au pied de la plus haute falaise de Sassnitz : l'illustre poète Cerdille et sa Muse préférée... Qu'en pensez-vous? Ne sera-ce point artistique, spirituel, bien français?
— Incontestablement, Madame.
— Mais ce que, d'abord, je veux de vous, c'est un autographe. Voici mon album et ma plume. Écrivez un poème, un sonnet, un quatrain...
Et Georges écrivit un distique. Après quoi, on le reconduisit au salon.
On ne sait quelle loi mystérieuse invite les gens de lettres à se désaltérer avec des bois-

sons médiocrement nationales. En France, ils boivent des bocks ; en Allemagne, ils boivent du vin. Autour de Torterel qui vidait, avec une légère grimace, un petit verre à pied immense, les lettrés allemands se renseignaient sur la littérature française. Le docteur Kropp, le fondeur, qui fait ses livrés comme ses canons (il prend du vide et met autour du bronze dans un cas, du papier dans l'autre), revendiquait hautement pour la Germanie une vraie liberté littéraire :

— Vos vers français ont tous des rimes, n'est-ce pas ?

— Tous, répondit Torterel, excepté ceux d'un symboliste nommé Léo Larguier.

— Un poème ne peut pas avoir la même rime, comme il arrive chez nous pour des œuvres qui n'ont pas moins de trois cents vers ?

— Ce serait mal vu, — répondait Torterel. Le docteur Kropp triomphait.

— N'est-il pas vrai, — continua-t-il, — que vous avez deux grandes écoles subventionnées de poètes et de prosateurs, où professent les écrivains illustres, tous issus de ces écoles, et qu'il n'est point d'auteur reconnu qui n'y ait fait un stage ?

— C'est à peu près cela, — dit Torterel.

— Je ne me dissimule pas, — ajouta le docteur Kropp, — que le pays où toute activité, même littéraire, se transforme sur-le-champ en activité d'État et fonctionnarisme, y gagne, si j'ose m'exprimer ainsi en rendement national. Sa littérature devient noble et imposante comme vos villes construites au cordeau. Mais que vaut Versailles en regard de Leipzig ou d'Eberfeld, villes de vie et de bruit ? Que vaut votre Unité en comparaison de notre cœur multiple ? Une seule école de poète ! Nous avons, nous, une école dans chaque ville, et davantage même dans les centres importants. Nous avons ainsi, à Berlin-Nord, l'école active ou activiste ; à Berlin-Sud, l'école passive ou passiviste ; à Berlin-Ouest, l'école groupiste, que Lohengrin Meyer fonda après s'être mis au courant des dernières recherches bactériologiques et avoir compris que l'individu n'existe point par lui-même, ou du moins qu'il ne représente qu'une entité d'un intérêt artistique négligeable si l'on ne tient pas compte des microbes qu'il porte en lui et qui sont à la fois sa vie et sa mort ; vous n'êtes pas sans avoir entendu les échos de l'enthousiasme soulevé par son dernier drame, *les Rats dans le bourg ?*... Enfin, nous avons à Berlin-Est l'école éterniste, un peu désorganisée en ce moment, parce que son fondateur vient d'être nommé censeur général au contentieux de notre grande Compagnie transatlantique.

— L'éternité mène à tout, à condition d'en sortir, — interrompit Torterel.

Mais il fut lui-même interrompu par l'arrivée en bombe de Frau Conrad dans leur groupe.

— J'ai un poème de lui ! — criait-elle... — Oui, M. Cerdille m'a fait un poème en deux vers spécialement pour mon album. Laissez-moi vous le réciter... Attendez, pour que je cite plus exactement, il faut d'abord que je recompose la traduction française de mon souvenir allemand.. La pensée surtout est belle :

Voici des pommes, des plantes, du feuillage et des roses
Et puis alors encore aussi voici mon cœur qui pour vous
[seul frappe..]

On s'extasia.

— Ah ! — s'écria M. Conrad, — toute l'admiration de notre comité est acquise aux brillants écrivains français. Et l'admiration de notre comité a son prix, vous pouvez m'en croire !

Torterel et Georges acceptèrent cette admiration. C'était toujours cela de repris sur l'Alsace.

*
* *

Trois jours plus tard, Torterel et Georges sont nonchalamment étendus sur le sable. Ils jouent à en prendre à poignées pour le faire retomber ensuite en menus filets d'or liquide :

— A quoi penses-tu, Georges ?

— Tu crois, vraiment, que je pense ?

— Oui, tu as des yeux vagues... ou inspirés. Composes-tu des vers ? Tu écoutes la mer comme on consulte un dictionnaire de rimes.

— Je regarde papa.

Les silhouettes de Nono et de M. Cerdille, arrivé de la veille, apparaissaient sur la crête d'une falaise boisée d'où, ne voyant personne, ils pouvaient se croire à l'abri des curiosités. Silhouettes parfaitement classiques. La jupe de toile de Nono et sa blouse légère, contrariées par le vent, moulaient ses genoux et sa gorge. Une écharpe flottante l'enchaînait, eût-on dit, à son compagnon ; ainsi un sculpteur rattache très traditionnellement les deux personnages d'un groupe.

Dans l'air papillotant, dans ce décor d'opéra-comique, ils avaient l'air de figures de cinématographe. Et l'on en venait vaguement à craindre qu'ils ne fussent soudain précipités dans la mer par un bandit, ou, encore, que la jeune héroïne ne s'y jetât d'elle-même parce que l'homme qui l'avait suivie dans sa promenade essayerait de l'embrasser par violence et trahison.

Comme pour justifier des prévisions de genre, M. Cerdille prend soudain la main de Nono...

— Ce qu'il est jeune, papa ! — s'écrie Georges.
— Oh ! pour cela !...

Ils échangent cette fois encore un sourire du même genre que celui qui avait si vivement agacé leur amie quelques jours plus tôt. Et, de nouveau, ils se taisent. A présent, il n'y a plus de moindre doute : ils pensent, ils feuillètent en eux-mêmes un album d'images... Parties du même point, ou pour mieux dire de la même personne, leurs jeunes rêveries, après avoir un instant voyagé côte à côte, prennent chacune un chemin divers, vers des buts différents.

Quelle chose curieuse ! » pense Torterel. « La mer, la forêt, l'alanguissement voluptueux de l'heure, tout ce qui, jadis, quand j'étais potache ou même simplement un peu plus jeune, me faisait désirer une maîtresse et la liberté, me pousse maintenant vers une fiancée et vers le mariage. Et pourquoi est-ce le visage de Némorine qui m'apparaît en ce moment-ci devant mes yeux à demi-clos?... »

Quant à Georges, lui, il se revoyait, quelque cinq semaines plus tôt, à la veille de l'élection de M. de Berberolles, sur le perron de Chantefontaine. Il quittait le lit de Frigga et celle-ci, ensommeillée encore, avait prononcé des mots vagues : « Où vas-tu?... Non ! Ce n'est pas l'alouette... » Il faisait fort chaud, par cet aube d'été, dans cette chambre d'amour. Et puis, du moment que les poétesses ont le privilège de rêver éveillées, sous l'influence du divin délire des Muses, n'est-il pas pénible de les entendre, presque endormies et dépeignées, rêver au sens ordinaire du mot, comme un bébé qui a la fièvre ou un jeune chien?... Et Georges avait éprouvé un irrésistible désir de fuite.

Au bas de l'escalier, il rencontra Cécile de Berberolles :

« Déjà levée? » — « Déjà levée !... » Ils étaient sortis ensemble. Les oiseaux chantaient d'une voix éclatante et perlée, comme s'ils avaient recueilli toute la rosée nocturne dans leur gorge. Au bord de l'allée d'eau, des paons rouaient, les colombes se baignaient et buvaient longuement. On sentait le gazon pousser. Le croissant d'une lune vieille de trois semaines, couleur de givre rosé, glissait sur les pentes du ciel. Quand Cécile leva soudain les bras, on eût dit, fraîche, simple, pure et vive, avec son air de jeune chasseresse, qu'elle allait cueillir le croissant de lune et le mettre dans ses cheveux.

— Vous partez?

Jusque-là, il en avait eu envie, mais il n'était point parvenu à se décider encore. Il la regarda.

— Je prends la fuite, — avoua-t-il.
— Vous n'oublierez pas que nous vous attendrons à Castelmaur ces vacances ?
— Ceci, je suis sûr de ne pas l'oublier.

Alors, ils n'avaient plus trop su que dire. Puis Georges avait murmuré, d'une voix enfin peu sûre d'elle :

— Mademoiselle... ou plutôt : ma chère Cécile, je serais très heureux de savoir ce que

Nono se repose sur la terrasse.

vous pensez de moi, au fond de votre cœur...
— Je pense que vous êtes... un charmant poète !
— Mais je ne suis pas poète... Je vous jure que je ne suis pas poète... Je...

Elle lui avait tendu la main gentiment :
— Alors, si vous voulez, nous poursuivrons cet entretien à Castelmaur. Un simple conseil, tout de même : jusque-là, restez poète...
— Ah?
— Je ne voudrais pas avoir l'air de vous parler par énigmes ; je vous expliquerai cela plus tard, s'il y a lieu... Mais je pense beaucoup de bien de vous... Maintenant, partez !

Et comme il n'avait plus eu, soudain, la moindre envie de partir, c'était elle qui s'était enfuie en courant.

* * *

...Un grand vacarme tira brusquement Torterel et Georges de leur songe. *Lorelei*, le bateau postal qui porte modestement le nom de la sirène du Rhin, se trouvait, par un juste retour des choses d'ici-bas, condamné en passant à entendre les hurlements du Rudolfmannheimmannkunstsängerverein, chorale qui criait aux échos que l'Allemagne se met sur tout (traduction Torterel du *Deutschland uber Alles*).

Nono et M. Cordille avaient été également rappelés à la réalité et descendaient tranquillement vers elle. Torterel et Georges eurent alors l'impression très nette qu'ils étaient désormais superflus, qu'ils pouvaient, sans risquer de fâcher personne, avancer leur départ... Georges, dans quelques jours, dirait à Nono, sans trop de conviction :

— Nous te quittons... Je te confie mon père... qui va se faire un plaisir de te tenir compagnie quelques jours. Prends garde à ton pupille et... ne me trompe pas avec lui !

XIII

LES PÈLERINS D'ITALIE

Venise, 28 septembre,

« Mon cher Georges,

« Me voici donc à Venise. J'aurais des scrupules à te conter que cette ville est située dans un charmant vallon et percée de boulevards aérés où circulent à cœur joie des tramways jaunes. Venise est sur la mer, ou plutôt, tu le sais, dans la mer. Absence absolue de caves... Une eau sans passions sommeille autour de chaque palais. Et l'on voit que les indigènes s'y sont habitués : il n'y a pas de pêcheurs à la ligne. Ce serait si commode, cependant, pour les riverains, de laisser pendre un fil de leurs balcons, et d'amasser des fritures sans même savoir besoin de bouger de leurs lits. Ces gens-là doivent manquer totalement de sens pratique. Et telle fut ma première impression originale sur Venise que je me refusais à connaître d'avance, parce que les exigences de ma carrière m'avaient contraint à trop souvent en entendre parler.

« Venise dans la mer? N'exagérons rien... Qui aime la mer pour elle-même éprouve un léger sentiment de gêne à s'exprimer de la sorte. Ici, quand l'onde est bleue, c'est à force d'être noire, à la manière des corbeaux. Les canaux hollandais ont une excuse de n'être pas transparents, car c'est leur eau, sans doute, qui sert à nettoyer les murs des maisons, les étables, les vaches, les coiffes des femmes, bref tous les objets, tous les êtres et jusqu'à l'ensemble du paysage. A Venise, on ne lave rien. Tout y est malpropre avec arrogance ou naïveté, de parti pris ou par nature,

et ceci malgré l'absence de la plupart des animaux ou des machines que l'on a l'habitude de rencontrer ailleurs. Je suis arrivé trop tard pour voir le dernier cheval du Lido, et trop tôt pour voir la première automobile.

« Autre surprise, que je n'ai pu m'empêcher de faire partager à Némorine de Jaserin : je croyais Venise en Italie. Or, Venise n'a rien d'italien. Il ne manque aux églises que des minarets pour nous donner l'illusion de contempler une ville turque sous l'angle où les livres de prix se plaisent à reproduire ce genre de spectacle. Des minarets?... Ne raconte ceci à personne, mais je crois bien qu'on s'est rendu compte de ce que leur absence avait de fâcheux et qu'on est en train d'en construire un sur la place Saint-Marc.

« L'Orient, je te dis !... Le jour, une chaleur à vous faire désirer des culottes d'almées ou de zouaves ; la nuit, un ciel si lourd et si proche qu'on n'a qu'à lever la main pour le caresser ; des premiers étages grillés comme des harems... J'ai rencontré aussi hier matin trois grands diables glabres, voûtés, ventrus, avec des traits taillés (si je puis m'exprimer de la sorte) au couteau. Tout cela serait très bien, car j'aime les Vieux Turcs, sans un maudit ballon dirigeable qui, chaque matin, survole la ville, qui la parvole même, sans les moustiques qui la convolent et sans la colonie européenne qui, de chaque repaire littéraire et boursicotier, y dévole en cette saison.

« Car j'en veux encore moins à la cité marine qu'à ses hôtes... Oh ! ceux-ci !... Leur race, leur nationalité, leur vie, leur âge, leur rôle social, leur sexe même en sont d'ailleurs bien incertains ! Venise est l'arche de Noé, sans les animaux, sinon les colombes qui, depuis qu'une de leurs aïeules eut l'honneur de porter le rameau d'olive, abusent du devoir de pulluler et du droit de transformer Saint-Saint-Marc en un gâteau de phosphates péruviens. A chaque coin de rue, sur chaque pavé de la Piazzetta (il est vrai que ces pavés ont un mètre de côté), je donne contre un échappé de roman, ou plutôt, — et ce n'en est pas moins rageant ou décourageant, — un évadé de salon littéraire. Nous nous amusons, Némorine et moi, à compter, chaque matin, les gens que nous connaissons et reconnaissons, et ceux aussi que nous reconnaissons sans les connaître... J'y renoncerai prochainement : il faudrait être sorti premier de Polytechnique.

« Je suis descendu à l'hôtel qui abrita jadis George Sand et je couche dans la chambre la plus proche de celle qui fut la sienne ; je partage probablement ce privilège avec trois autres pensionnaires au moins : celui qui est à gauche, celui qui est à droite, et celui qui est au-dessous. Moi je suis au-dessus. Quant à la chambre de cette femme illustre, rassure-toi, elle est vide, ou tout comme, étant occupée par une personnalité qui ne suffit pas à la remplir : notre chroniqueur national Alain Magel, qui n'a plus de bohème que ses cheveux et sa maîtresse, la princesse Gordoliska, noire comme la Moldau. Parmi mes autres voisins, ton rival de gloire, l'incomparable poète franco-monégasque Angelo-Pierre Petrucci-Martin ; cet enfant de ton âge m'avait formellement averti que sa joie était, chaque matin, à onze heures précises, de donner à manger aux pigeons en compagnie de la marquise d'Égrotan : tu avais eu l'amabilité de me confier ton appareil photographique : tu n'y perdras rien ; je te montrerai, dès que nous nous retrouverons, une superbe image représentant devant un décor consacré par la littérature, l'art et les marchands de cartes postales, un couple radieux, un chérubin blond et une douce vieillarde, communiant extatiquement dans le même amour des Muses, de la beauté, des pigeons vénitiens, des photographes et de la réclame.

« Et voici encore le plus fortuné de nos auteurs dramatiques, qui est ici (ah ! Venise est décidément la ville des miracles !) avec sa femme, sa femme légitime, tu entends bien ?... Et voici Roland Bourri, le violoniste dont l'archet est muni des cheveux d'une maîtresse morte ; il fait, sur chaque terre-plein, des vues à l'huile de l'eau vénitienne : il appelle cela son violon d'Ingres... Et voici Donatella Bibioli, la déjà fort mûre cantatrice romaine, qui vient chaque année, depuis vingt ans, lancer sur la lagune son chant du cygne... En ce qui concerne l'étage supérieur au mien, il n'est pas habité par moins de six peintres de nations diverses qui se sont donné ici rendez-vous sans jamais s'être vus auparavant, et qui vont par escouade à la promenade. Chaque fois qu'ils regagnent leur chambre, ils ont l'air d'entrer en loge. Je soupçonne fort les règlements de cette nouvelle école italienne d'interdire comme la vraie à ses pensionnaires des compagnes du sexe opposé au leur, bien que le plus jeune de la bande, celui que nous appelons Joseph racheté par ses frères, tourne à chaque rencontre vers Némorine des prunelles fondantes trop violettes.

« Devant moi, du moins, j'ai le grand canal, celui du premier plan chez les peintres du dix-septième. Tu te rappelles ce tableau du Louvre à propos duquel le guide (c'était le jour où nous nous étions amusés à prendre un guide) nous fit remarquer que le canal en question, quel que fût l'endroit où nous nous placions, tournait vers nous et avec nous, comme les revolvers qui vous visent dans certaines affiches américaines?... Je n'ai plus besoin de tourner ; j'attends le canal de face ; je l'attendrais volontiers toute la journée si l'on n'avait, ici comme ailleurs, des obligations.

« Il y a l'exposition de peinture moderne où Mme de Jaserin juge indispensable de se laisser entraîner chaque jour... Quand elle préférera se distraire autrement, il manquera, à coup sûr, quelque chose à cette exposition où elle critique et commente sur un mode suraigu chaque toile l'une après l'autre. M. d'Ombrailles l'accompagne, mélancolique : on l'a exilé à l'Excelsior où il attend « jusqu'à s'en mourir » le retour des chers instants qu'on lui consacre dans le petit salon montmartro-hindou... Thé chez Lavena, lieu bien parisien... L'heure y passe assez vite, tandis qu'on regarde les gens passer.

« J'ai retrouvé nos bons Allemands. En guêtres et en chapeau verdâtres, ils escaladent les marches des palais avec des alpenstocks dont la pointe leur sert à écrire sur le plâtre des prénoms germains dès qu'ils ne se sentent plus observés ; cet instrument leur sert aussi, — car ils apportent en tout un grand souci de précision, — à mesurer çà et là la profondeur des canaux. Economes, ils vous accostent au moment où l'on prend une gondole, en vous offrant de payer leur part. Les mâles sont parfois suivis d'épouses au ventre fortement arrondi, qui ont probablement désiré faire naître poétiquement leur progéniture en Italie : le voyage de Gœthe avant la lettre. Ils parlent un rauque italien où il semble avant tout désireux d'encastrer divers mots allemands intraduisibles : Gemutlichkeit revient souvent, pour ne citer que celui-là... Et on n'a pas idée de l'abondance avec laquelle ils transpirent.

« Le vaisseau-école allemand est arrivé, comme pour protéger tant de compatriotes errant en terre étrangère. Ah ! ces marins en herbe, qu'ils sont donc jolis et blonds et roses, avec leurs maillots décolletés !...Toutes nos *Belles-de-Nuit* en rêvent !... *Nos Belles-de-Nuit ?*... Ce sont des messieurs du meilleur monde qui retrouvent de petits camarades vers onze heures du soir, devant l'Horloge... Si tu passes par Venise, ne t'aventure jamais en un tel lieu à pareille heure : tu es trop bien de ta personne, mon pauvre ami !

« Un détail : les moustiques bourdonnent autour des Allemands comme la rumeur même de leurs âmes poétiques et guerrières. Mais Némorine prétend que « tout cela, dans le fond, c'est du chiqué et que ces insectes n'en veulent pas... » Elle est punie d'être française : deux piqûres sur chaque pommette lui ont donné ce matin un air poupon, japonais ou finnois.

« Mais je te parle beaucoup, vas-tu dire, de Némorine. Ce n'est encore rien ! Car, en réalité, c'est d'elle seule que je voulais t'entretenir, et ma lettre, qui semble un supplément au Bædecker, n'a, pour le livre de ma vie, que la valeur d'une préface... Mon cher Georges, tu as deviné, n'est-ce pas? Je suis fiancé à Némorine et il y a des instants où je me fais l'effet d'être amoureux d'elle. On ne parcourt pas impunément tout seul le chemin réservé aux amants et aux jeunes mariés ; j'ai préféré la taille intermédiaire : j'accomplis un voyage de fiançailles. Dès le soir de mon arrivée, j'ai pris les deux mains de Némorine et je lui en ai demandé une. Mais c'est avant-hier seulement que je me suis décidé à faire part de mes projets à M. d'Ombrailles ; il était plus pitoyable que jamais ; je me suis dit qu'un seul mot de moi pouvait provoquer une merveilleuse explosion de joie dans son âme ; tu sais en effet que le mariage de Mᵐᵉ de Jaserin avec lui devait suivre de près le mariage de Némorine avec X... ou Y... J'ai donc parlé, et il m'a embrassé en pleurant, devant cinquante personnes, ce qui n'est pas allé sans me gêner beaucoup. Quant à Mᵐᵉ de Jaserin, dès qu'elle a été au courant de la chose, elle s'est précipité vers Némorine et moi qui attendions bien sagement, dans un coin, les résultats de l'entrevue : « Ah ! qu'ils sont gentils !... Et comme c'est amusant !... » Elle a ajouté : « Le jeune Angelo-Pierre Petrucci-Martin a du génie, vous entendez? Du génie !... » Elle a dit encore, en manière de conclusion : « Je vous laisse, mes enfants. M. d'Ombrailles doit me dicter plusieurs lettres d'affaires... »

« Et voilà !... A bientôt, Georges ; n'oublie pas d'écrire à Némorine pour me féliciter. N'oublie pas non plus de m'écrire pour me remercier, car, espérant que tu seras mon hôte maintes fois, je vais dès ce soir t'acheter, — ivoire et or, — un rond de serviette... »

Georges glissa cette lettre dans sa poche, tambourina contre les vitres et, comme il était seul, put se permettre de proclamer à haute voix que Torterel avait raison, mille fois raison d'épouser Némorine !... En quoi lui-même ne manquait pas de bon sens : la meilleure preuve d'amitié à donner aux gens consiste moins à les accabler à tort et à travers de conseils d'amis qu'à les approuver quand ils font ce qui leur plaît ou ce qui nous paraît être leur plaisir.

Mais, aussitôt, il s'ennuya dans sa chambre d'hôtel et sortit ; il n'y a du reste pas d'autre parti à prendre en pareil cas. Dehors, il ne s'amusa pas davantage. Il s'accouda au parapet du Lungarno Acciajoli, dans l'intention de regarder couler l'eau ; l'eau lui parut parfaitement stagnante. Et ce fut alors qu'il se posa pour la première fois de manière précise une question comme : « Que suis-je donc venu faire ici?... »

De Sassnitz, où ils abandonnaient Nono et M. Cerdille à leur destin, Georges et Torterel étaient partis comme les ballons sphériques s'envolent du parc de Saint-Cloud, et, bien que le même vent les eût poussés au départ, ils atterrirent dans deux villes différentes. Torterel atteignit Venise par un dimanche matin où les échos de toutes les cloches d'Italie arrivaient jusqu'à la lagune et où chaque gondole semblait avoir une clochette. Georges retrouva l'après-midi du même jour Florence et son vallon. Tout enfant en compagnie de sa mère qui n'était pas encore neurasthénique et de son père qui était déjà jeune, il avait connu la Cité des Fleurs ; et il en conservait le meilleur souvenir, à cause de certains pâtés de sable parfaitement réussis, sous la surveillance et avec la collaboration de son institutrice, dans une allée des Cascine.

Mais quelle chose odieuse, pour qui estime qu'il a passé l'âge des pâtés de sable, qu'un dimanche florentin ! Il faut redouter le spectacle de ces rues aux boutiques fermées, de ces places submergées par une foule badaude que les conducteurs de tramways électriques ne parviennent à écarter de la proue de leurs véhicules qu'à coups de timbre prolongés, précipités, odieux.. Ce bruit perpétuel de lapin mécanique, en se mêlant à la chanson majestueuse des cloches, produit le concert le plus propre à blesser de délicates oreilles ; dans l'espoir de guérir les siennes, Georges se coucha de bonne heure.

Le lundi, en revanche, il se leva fort tard et ne quitta guère l'hôtel. Le mardi, il reçut un mot de M. Gaspard de Berberolles lui rappelant qu'on l'attendait à Castelmaur. Ceci lui permit de lire le jour suivant, sans le moindre dépit, une longue lettre de Frigga Papagus où la poétesse l'avertissait que son arrivée à Florence était retardée de quelques jours, et où elle parlait de Jean Fabiac « si charmant, si plein de talent et qui était resté tout l'été près d'elle à Chantefontaine » sur un ton dont plus d'un amant se fût offensé. Ceci lui permit également, le jeudi, de ne point s'irriter d'un message de Nono où il n'était question que de M. Cerdille, de sa gentillesse, de son charme, de son intelligence et de sa bonté. Enfin, le vendredi, vint l'épître de Torterel. Un ami marié, c'est un ami perdu !... Et quelle personne celui-ci venait-il d'élire pour fiancée : une jeune fille qui, deux mois plus tôt, avait offert sa main à Georges !...

Pauvre Georges ! jamais homme n'avait été plus complètement *plaqué* que lui. Mais, accoudé au parapet de l'Arno, s'il s'attrista de quelque chose, ce fut uniquement d'envisager son cas avec tranquillité et presque avec satisfaction. Il retira une à une de ses poches les lettres de Frigga, de Nono, de Törterel, les déchira avec beaucoup de calme et de soin, et s'amusa pendant quelques minutes à regarder leurs fragments éparpillés qui, dans la clarté du matin, semblaient danser en rond sur l'eau inerte...

— Vous *la* cherchez ? Ce n'est pas ici que vous la trouverez...

— Hein ?

Une main s'était posée sur l'épaule de Georges, une voix avait résonné près de son oreille, l'arrachant brusquement à sa rêverie et à son jeu... Dans ces conditions, il ne pouvait plus feindre de ne point voir, sans devenir impoli, Jack-Antonio Pié qui venait de le reconnaître. Il fit contre mauvaise fortune bon cœur.

— Eh ! parbleu, cher ami, voici une heureuse surprise ! Que faites-vous par ici ?

— Ce que je fais ? — répondit Jack-Antonio Pié d'un ton légèrement pincé, — mais, tous les journaux l'ont annoncé ! Je suis venu faire ici une cure de beauté que je me prescris tous les ans.

Jack-Antonio Pié ? Qu'on ne se laisse pas abuser par le cosmopolitisme compliqué de ces prénoms ! Jacques-Antoine Pied est bien français, comme son nom l'indique. Poète, romancier, esthéticien, musicien, grand coureur de salons et de thés à la mode, chercheur de bibelots curieux qu'il trouve parfois, car il a de la fortune, et de mots d'esprit, — il passe très souvent à côté, — Jack-Antonio possède une taille au-dessus de la moyenne, une minceur préraphaëlitique, une face glabre, des cheveux plats... Avant de quitter Paris, Georges l'avait rencontré dans un wagon du métro, la seule fois où Jack-Antonio (il l'affirme du moins) se fût hasardé dans ce souterrain : et c'était sans doute pour cela qu'il avait une pièce de cinq sous dans sa main, pareil au défunt qui va passer le Styx et qui prend bien garde à ne point égarer son obole... Ressuscité, il reparaissait devant Georges, dans la cité de Dante, comme celui même qui revient des Enfers. Malgré cela, il avait un chapeau à larges bords, des gants taillés à la hache, et un ulster américain et jaunâtre d'où émergeaient, à la base, des souliers jaunâtres et américains eux aussi.

Mais, les coudes appuyés au parapet, le torse rejeté en arrière, il darda soudain dans la direction de la tour du Palazzio Vecchio des yeux inspirés où plus rien de terrestre ne se réflétait ; il frémissait d'enthousiasme.

— Ah ! Florence ! s'écria-t-il... — Tenez, mon cher Cordille, cette nuit je n'ai pu dormir. Hier, j'ai revu le Palais Pitti, erré dans le jardin Boboli, sangloté sous l'effet d'une émotion esthétique trop violente dans l'allée de cyprès du Viottolone... Mon crâne me semblait éclater de trop de beauté emprisonnée en lui... Alors, comme le jour se levait, j'ai ouvert ma fenêtre, laissé mes regards vagabonder au penchant des *colli*... Ah ! existe-t-il des mots humains dignes de traduire un tel paysage et les sentiments qu'il suscitait en moi ? Une aurore de cristal bleu s'épanouissait dans le ciel ; une invisible main sculptait, découpait peu à peu en noir ou en blanc, dans la masse de ce cristal bleu, des formes, des contours de toits, de terrasses, de cyprès, de dômes, de campaniles. Le Jour et l'Automne semblaient venir vers moi en se donnant la main, personnages de mélancolie et de lumière, pareils à ceux dont nous admirons les tuniques fleuries, les figures angéliques et pourtant humaines, dans les compositions du divin Sandro. En vérité, je les ai *vus*, je les ai *vus* !

— Toutes mes félicitations.

— Ah ! ne vous étonnez pas ! Quand on a, comme moi, pénétré l'âme de Florence ;

quand pour mieux dire, on est digne de se l'assimiler intégralement, ce sont là des miracles dont on est ici le promoteur et l'acteur à chaque coin de rue... Mais voilà ! il faut avoir en soi l'âme de Florence... Moi, j'ai parfois l'impression que j'ai dû habiter ici dans une autre vie, que j'ai conversé avec Dante, dîné avec Laurent le Magnifique... Ce n'est pas donné à tout le monde, évidemment; mais, enfin, quand on ne porte pas en soi l'âme de Florence infuse, on peut du moins en acquérir quelques parcelles... Telle est sans doute votre ambition. Vous la cherchiez tout à l'heure dans l'onde de l'Arno? Ce n'est pas la meilleure méthode... Voulez-vous que je vous fasse profiter de la mienne? Voulez-vous, — j'admire beaucoup votre talent ! — que je tente de vous initier au merveilleux mystère de l'âme florentine?

— Quoi ? — s'écria Georges, — vous consentiriez... Eh bien, nous commencerons demain, voulez-vous?

Quand Jack-Antonio, sûr de son effet, s'en fut allé porter ailleurs le fardeau magnifique de ses rêves, Georges rentra à l'hôtel, consulta un indicateur et boucla sa malle. Il venait de constater avec joie qu'en partant au début de l'après-midi, il pouvait arriver à Castelmaur, pourvu qu'il consentît à ne faire escale nulle part, le surlendemain à la brune. Et il réclama sa note.

— Hélas ! — s'exclama l'hôtelier se départant soudain de la morgue britannique qu'il affectait d'ordinaire, — vous nous quittez déjà ? Ah ! quelle peine pour nous !... Mais auparavant, si j'osais solliciter pour l'album de l'hôtel un autographe de l'illustrissime poète...

— Comment, vous aussi, vous saviez que je suis illustrissime?

— Qui l'ignore sur la terre?

— Eh bien, — fit Georges confidentiellement, — je vais vous en apprendre une bien bonne : je suis un imposteur et non pas un poète... J'ai consenti à m'affubler de cette qualité dans les desseins les plus sinistres.

L'hôtelier applaudit servilement à cette facétie et plaça de force l'album entre les mains de l'imposteur. Celui-ci, de guerre lasse, céda. Et, comme il lui restait une bonne demi-heure avant le départ de l'omnibus pour la gare, il l'employa à dessiner sur l'album une sorte d'affiche burlesque recommandant aux touristes de prendre pour guide Jack-Antonio Pié durant leur séjour à Florence. Il data et il signa. Il se serait fait un plaisir de reconnaître que cette plaisanterie n'avait rien de particulièrement spirituel ; mais cela ne l'empêchait pas d'être bien content de lui tout de même.

XIV

L'AMOUR ET L'HONNEUR

Bien qu'il eût primitivement projeté d'accomplir d'une seule traite le voyage de Florence à Castelmaur, Georges s'autorisa quelque flânerie et quelque paresse. Sans doute essayait-il de se faire illusion sur la hâte qu'il avait de revoir Cécile de Berberolles ; et il prenait le chemin des écoliers, oubliant qu'il est également celui des amoureux.

Il alla jusqu'en Avignon où le Rhône est si large que tous les ponts ne parviennent pas à le traverser. Il fit escale à Montpellier, où les filles qui n'ont pas de corset se promènent au bras de beaux militaires qui en ont. De la sorte, il retardait voluptueusement son plaisir. Peut-être aussi était-il le jouet d'une appréhension obscure ; ne redoutait-il pas, maintenant, de ne pouvoir plaire entièrement à cette Cécile, si simple et si droite, lui qui ne devait en somme ses succès qu'à une supercherie, à un véritable abus de confiance? Dans cet état d'esprit, il fit un crochet sur Dax, sous prétexte de rendre visite à un vieil oncle qui s'y était installé deux ans plus tôt pour soigner ses rhumatismes. Hélas ! ce frère de Mme Cerdille était mort depuis un an. Alors Georges poussa jusqu'à Biarritz pour voir la mer ; elle, du moins, était encore là. Et, aussitôt, il lui sembla décent de ne point prolonger un tel manège. D'ailleurs, à mesure que l'image de Cécile s'emparait de son esprit, il lui devenait de plus en plus difficile de prendre le large. C'est ainsi, eût dit un poète, que le poulain sauvage arrêté dans sa course par le lasso, galope en un cercle toujours plus étroit avant de venir s'affaler aux pieds du chasseur. Mais Georges n'était plus poète. Il ne chercha pas de comparaison. Quand il comprit qu'il était vain de retarder davantage l'heure de son bonheur éternel ou de son malheur sans remède, il boucla sa malle et décida de gagner Castelmaur par le premier train. Le premier train était malheureusement le dernier de la journée et l'après-midi lui sembla plus long qu'un acte du *Vieil Homme*. Mais quelle joie, après un sommeil de plomb, d'entendre une voix de stentor proclamer : « Castelmaur-lès-Agen ! » devant une petite gare où le frémissement du timbre semblait être un bruit de grelots secoués par la danse folle des rayons de soleil sur le toit de briques neuves !

Georges quitta le train avec précipitation. Un paysan accoutré sommairement en cocher et qui tournait depuis quelques instants autour de lui se décida enfin à l'aborder, esquissa de la dextre une sorte de salut militaire et lui demanda s'il n'était pas le grand poète attendu par Mme de Berberolles.

— J'ai toujours, dans ces cas-là, — ajouta-t-il, — des photographies qu'on découpe pour moi dans les journaux. On m'avait parlé de « grand poète » ; alors... J'ai peut-être mal regardé ; voyez vous-même...

Le paysan lui tendit l'image de Léon Dariol... Georges monta néanmoins dans un petit tonneau que tirait un poney landais : « Je parie », pensait-il, « que c'est la voiture de Cécile... » Cela lui parut très doux et de bon augure. Après quoi, il tenta de dormir ou tout au moins de somnoler, car une bonne lieue le séparait encore de l'habitation des Berberolles.

Il ne dormit pas. Il y avait tant de clarté et de calme sur cette campagne baignée par l'humidité radieuse du matin qu'il se surprit à promener autour de lui des regards dansants et voluptueux de poète. La grâce des horizons florentins? Mais c'était alors seulement qu'il commençait à la comprendre... Mêmes cirques enrubannés de routes, mêmes collines arrondies et harmonieusement étagées ; moins de bleu et de gris, plus de vert et de fauve ; nul cyprès pour placer jusque au bord des jardins un emblème de mort et d'éternité : à leur place s'érigeaient de grands peupliers, fuseaux qui semblaient dévider en lumineuses couleurs l'âme des saisons, et dont le bas achevait de dérouler l'été, dont le haut commençait à enrouler l'automne.

Enfin, à mi-pente de la colline, au bout d'une allée de platanes, apparut la gentilhommière des Berberolles, appuyée sur le gazon du poids de quatre tourelles aux rouges chapeaux pointus. Le seuil était enguirlandé de vigne-vierge, des chats rôdaient dans des massifs de rosiers sauvages ; un grand chien aboya gaiement, réveillant hôtes et échos.

Et quelle réception cordiale, quelle semaine délicieuse, durant laquelle il ne fut guère question de littérature qu'aux repas ! Car c'était presque uniquement qu'apparaissait la seconde Mme de Berberolles, passionnément soucieuse d'un triomphal retour à Paris en compagnie du nouvel académicien.

Mais, à table, elle prenait sa revanche, et exposait, avec un accent qui paraissait excessif dans sa patrie même, ses suprêmes ambitions :

— Té ! — affirmait-elle en se tournant, toute frémissante, vers M. de Berberolles, — je n'aspire plus à être votre Égérie ; mon rêve, c'est, maintenant, de devenir quelquefois votre Muse. Celle qui me précéda dans votre cœur vous a inspiré quatre volumes, pas vrai?... Or, vous ne m'avez encore consacré qu'un sonnet, à l'occasion de votre élection... Allons ! il faut maintenant travailler pour moi !... Ce sera un merveilleux renouvellement de votre génie. N'ai-je, point raison, Monsieur Cerdille?

— Mille fois raison, chère Madame.

— Ah ! vous voyez?... Et, M. Cerdille s'y connaît, car il a lui-même un de ces génis, pour son âge ! Voilà qui est dit... Je vais préparer votre encrier et votre papier... Quant à vous, mon cher jeune et grand poète, Cécile vous tiendra compagnie.

Et tandis que M. de Berberolles retournait à sa tâche avec son éternel visage résigné et probablement satisfait en somme, Cécile et Georges se sentaient tellement gênés l'un en face de l'autre sous la lumière de la lampe qu'ils préféraient s'échapper dans le jardin.

C'est ainsi qu'ils se trouvèrent, un soir, tout seuls, sur la terrasse inondée de lune. Mais la lune possède une lumière bien originale, bien à elle, qui n'éclaire que pour mieux faire ressortir les ombres, qui aveugle un peu sans jamais éblouir, et qui sait enhardir les plus timides regards. De sorte que Georges put examiner tout à loisir les gestes sûrs, le sourire sage et charmant, le pur visage de sa voisine.

— Comme j'aimerais vivre ici, — dit-il, — auprès de vous !

Elle para l'aveu en le prenant pour une phrase générale :

— Vous en seriez bien vite las !

— De vous? Oh !

— Moi, je ne suis pas en question. Je parle du paysage, de la solitude.

— Cécile, vous qui n'êtes pas comme les autres femmes, vous devez vous rappeler notre entretien, sur le perron de Chantefontaine?... Vous m'avez ordonné : « Restez poète, jusqu'en octobre... » Je voudrais savoir...

— Ainsi, vous n'avez pas oublié vous-même ce que je vous ai dit alors?... Un bon point... Mais je voulais uniquement vous conserver l'estime de ma belle-mère, très influente dans le monde des lettres...

— Ce n'est pas besoin de vous moquer de moi.

— Vous avez peut-être raison... Mais rentrons, voulez-vous?

Tout de même, elle ne quitta pas le banc de pierre velouté de mousse où ils s'étaient assis l'un près de l'autre. La lune moirait le ciel ; les ombres voltigeaient à mi-hauteur du paysage, des lumières planaient en haut et en bas. Georges crut que la splendeur des nuits atténuait en tous lieux l'audace de certains gestes. N'était-ce point Cécile qui embaumait l'ombre?... Il se pencha vers elle si bien que leurs joues se rencontrèrent. Elle le repoussa doucement, mais nettement.

— Je ne suis pas poétesse, — dit-elle.

Confus, il lui prit cependant la main.

— Et moi, — répliqua-t-il, — je ne suis pas poète... Mais je vous aime depuis que je vous connais. Voulez-vous être ma femme?

Elle le regarda bien en face, puis s'inclina un peu, juste assez pour que l'ombre de ses lourds cheveux gagnât son visage jusqu'à ses lèvres, qui dirent :

— Oui.

— Oh ! Cécile, Cécile... Je me sens tout petit près de vous, si sage et si belle. Et c'est cela qui est bon !

— Je m'en doutais un peu, — murmura la jeune fille qui, cette fois, inclina elle-même sa tête vers celle de Georges. — Du moins, serez-vous un enfant bien raisonnable?

— Je n'ai envie que de cela. Dites? Nous n'irons pas souvent à Paris? Vous ne me forcerez pas à écrire des poèmes?... Ah ! je vais vous l'avouer, et avec joie : sans Torterel, je crois que jamais aucun de mes vers ne serait arrivé à se tenir sur ses pattes.

— Petit malheureux, voulez-vous bien vous taire ? Si ma belle-mère vous entendait, elle vous refuserait ma main...

*
* *

M. Cerdille qui revenait vers Paris en louvoyant, c'est-à-dire de port à port, de plage à plage, de Sassnitz à Ostende, d'Ostende à Dieppe, de Dieppe à Trouville, trouva donc un beau matin, dans son courrier qu'il décachetait au lit, une lettre de Georges. Elle ne contenait que quelques mots, car il est d'usage, dans la famille Cerdille, de rédiger les lettres en style télégraphique et d'envoyer au contraire de copieuses dépêches : « Cher papa, je veux me marier ; viens à Castelmaur tout de suite.. »

Le mot de mariage paraît toujours très grave aux parents les plus dépourvus de gravité. Le père de Georges n'alla pas jusqu'à réunir un conseil de famille, mais il lui tardait de prendre l'avis de quelqu'un. Il se tourna donc aussitôt vers la ruelle où Nono dormait d'un œil et il lui tendit solennellement le message. Nono bondit :

— Vite ! Vite ! Va le marier ; et emmène-moi... J'adore les mariages et les premières communions.

Mais il fallait tout de même avertir Mme Cerdille. M. Cerdille la rejoignit à Paris le soir même ; il la trouva dans un état de santé et de satisfaction morale resplendissant. Le docteur, au lieu de pâtes en largeur, lui permettait maintenant le macaroni ; elle était également autorisée à remplacer ses volets pleins par des persiennes légèrement ajourées : « Si j'étais allée jusqu'au Groenland, paraît-il, je serais à présent complètement sur pied... Bah ! ma complète guérison n'en est remise qu'à la saison prochaine !... » Elle préparait déjà ses fourrures pour l'été et élevait un chien-loup.

— Alors, tu viens avec moi, afin de faire la connaissance de ta future belle-fille?

— Ciel ! un si long voyage !... Y penses-tu ? Ce serait compromettre ma guérison.

M. Cerdille eut donc toute liberté d'emmener Nono.

Les femmes adorent en général tout ce qui ressemble à un secret ou excuse un déguisement. Nono prit un immense plaisir à préparer un incognito qu'elle jugeait indispensable. Elle qui n'avait jamais usé de voilette pour tromper l'ami le plus jaloux en acheta que le soleil traversait à peine. Afin de passer inaperçue dans Agen, elle emporta deux manteaux « genre domino », l'un soufre avec revers violets, l'autre mauve avec garniture de fourrures.

— Je ne mettrai pas de rouge, ni de noir, — déclara-t-elle...

Il fallut insister pour lui faire glisser en dernière minute sa boîte à poudre de riz dans son sac.

Georges, averti de l'arrivée de son père à Agen, lui annonça télégraphiquement qu'il passerait à son hôtel dans l'après-midi. « Il y a peu de chance », pensait-il, « que papa se soit hasardé seul en pays inconnu et quasi sauvage ; il est plus délicat de le prévenir, de peur de l'ennuyer et de gêner Nono... »

Après avoir mis Cécile au courant, il prétexta auprès de la seconde Mme de Berberolles une visite à un sien cousin, officier, et partit de bonne heure, assez embarrassé parce que son hôtesse, qui aimait les guerriers autant que les poètes, lui avait fait promettre d'inviter à Castelmaur « son charmant cousin... »

M. Cerdille, d'excellente humeur et plus jeune que jamais, attendait son fils dans le vestibule de l'hôtel ! Georges avait bien fait de prévenir son père, puisque celui-ci ne le recevait pas dans sa chambre.

— Eh bien, mauvais sujet, qu'est-ce encore que cette lubie? Alors, tu veux te marier? Tu ne m'as pas seulement dit avec qui !

— Mais...

— Avec Mme Papagus?... Elle n'est pas veuve ! Attention au cimeterre du prince Ali-Baba !

— Tâche donc d'être sérieux une minute... Ma fiancée, puisque je t'ai prié de venir à Castelmaur, ne peut être que Cécile de Berberolles.

— Ah ! oui, celle qui est borgne et bancale !

Il vit à l'émoi de Georges qu'il ne fallait plus plaisanter :

— Allons, — continua-t-il, — je suis content ; et elle est très gentille, ta fiancée. Tu l'embrasseras de ma part, et tu m'avertiras dès que vous jugerez bon que j'aille officiellement demander sa main... Sapristi ! J'ai oublié ma redingote !... Bah ! une dépêche et je la recevrai après-demain. Vous patienterez bien jusque-là ? Moi, je ne suis pas pressé. C'est très gentil, cette ville ! Viens donc faire une petite promenade, en attendant l'heure de ton train.

Ils se dirigèrent vers le Gravier, la vaste promenade qui longe le fleuve. Le soleil, aux approches de l'automne, avait quitté sa défroque de matamore gascon encombrant et désireux d'éblouir. Les feuilles dorées crépitaient doucement sous les pas des promeneurs. Des vieux logis qui bordaient de l'un côté la promenade arrivaient des parfums de buis, de passé et de mort comme on en respire à Versailles... « Versâââilles !... » Georges pensa soudain à Jack-Antonio Pié : quand on parle du loup, dit le proverbe, on en voit la queue. Quand on y pense, on en entend parler :

— A propos, — dit en effet M. Cerdille, — j'ai rencontré à Paris un de tes amis, Jack-Antonio Pié, qui m'a réclamé ton adresse. Il tenait absolument à te voir ! Que se passe-t-il donc ?... Il m'a annoncé qu'il préparait pour la Comédie-Française un drame dont les principaux personnages sont sourds-muets. Il veut peut-être te demander de collaborer ?

— Tu lui as donné mon adresse ?

— Je ne me rappelle plus ; je crois lui avoir dit que je partais pour Castelmaur, où tu étais, sans plus : il m'embêtait... Il n'avait pas l'air de savoir où était situé Castelmaur. Néanmoins, il m'a dit que nous nous y retrouverions sans doute.

*

Les intentions précises de Jack-Antonio Pié, Georges les comprit vingt-quatre heures plus tard, lorsque, sur le milieu de l'après-midi, deux élégants inconnus, vêtus de macferlanes étroitement fermés, vinrent le demander au château. Ils le saluèrent avec des allures de conspirateurs et la raideur des gens qui ont avalé des épées. Leurs premiers paroles prouvèrent à Georges qu'ils ne les avaient pas avalées toutes. Jack-Antonio Pié ayant eu connaissance des facéties inscrites à son sujet par Georges sur l'album de l'hôtelier florentin, entendait que son spirituel confrère lui en rendît raison.

— Je vous en prie, Messieurs, — dit aussitôt Georges, — filons, afin de ne pas émouvoir mes hôtes ; dirigeons-nous vers le village.. Je sais parfaitement de quoi il s'agit ; nous converserons en chemin.

En chemin, ils assurèrent Georges de la satisfaction qu'ils éprouvaient à le trouver enfin. En outre, Georges crut comprendre que c'était à Frigga Papagus, descendue de Florence au même hôtel que lui et furieuse de ne l'y point trouver, qu'il devait cette nouvelle et intempestive aventure. Quant au client de ces messieurs, dans le doute où il était du Castelmaur qui abritait son offenseur, il les avait priés de visiter avec lui tous les Castelmaur du monde et même, si c'était nécessaire, Castelmauro, en Turquie ; heureusement que le premier Castelmaur de leur voyage avait été le bon, ainsi que l'offensé le pressentait, du reste.

— Messieurs, — répondit Georges, — croyez bien que si j'avais pu me douter... Enfin, à présent, tout est pour le mieux... Il ne me reste plus qu'à vous mettre en présence de deux de mes amis, mais je ne les ai pas sous la main... Excusez-moi : à la campagne on n'a pas les mêmes commodités qu'à la ville. Je vais tâcher d'arranger cela.

— Puisque vous êtes ici, ainsi que nous venons de l'apprendre, l'hôte de M. de Berberolles, celui-ci sera sans doute l'un de vos témoins ?

— Excusez-moi encore : le dernier académicien de la saison dernière, cela aurait fait évidemment très bien dans le tableau. Mais pour des raisons personnelles, je ne puis accorder cette satisfaction à mon adversaire... Croyez-bien que j'en suis navré.

Ses témoins ? Au fait, où diable Georges allait-il les dénicher ? Il les trouva comme les volontaires qui s'engagent dans une ville inconnue ou comme les citoyens qui ont besoin un beau jour d'un certificat de bonne vie et mœurs. Il s'en fut à la mairie de Castelmaur et demanda l'assistance du secrétaire. C'était un ancien adjudant de cavalerie, toujours armé d'une cravache, qui accepta avec enthousiasme, et s'adjoignit l'instituteur toujours armé d'un parapluie... Ensemble, ils gagnèrent aussitôt Agen et se rendirent à l'adresse indiquée par les témoins de Jack-Antonio. Ils y trouvèrent nombreuse société, car, lorsque le poète Pié se déplace en vue d'un événement qu'il estime littéraire ou historique, il s'efforce d'emmener à sa suite autant de personnel qu'un boxeur américain : des photographes, des journalistes, un médecin, plus un être sombre et rêveur, de profession et d'âge indécis, qui est, en fin de compte, son masseur-pédicure... Les témoins de Georges, fortement impressionnés par cet appareil, ne songèrent pas à chercher un terrain d'entente autre qu'une pelouse : on ne dérange pas tant de monde pour rien !... Tout fut donc rapidement réglé : le duel aurait lieu le lendemain matin, dans un pré voisin de la propriété des Berberolles. Malgré l'adjudant, qui réclamait le sabre avec insistance, on s'en tint au pistolet.

Et, à l'aube du jour suivant, les paysans qui se rendaient à leur labeur virent, pleins de curiosité, s'arrêter dans un chemin, à quelque cent mètres du château, une large limousine noire, aux rideaux tirés, du genre de celles où accouchent clandestinement les dames un peu trop compromises. Jack-Antonio Pié en descendit, plus long, semblait-il, et plus pâle que jamais. Non qu'il eût peur ; mais, dans la nuit, autant pour faire voir qu'il n'était nullement troublé que pour éblouir les populations agenaises, il s'était promené, escorté de son personnel et de ses amis, à travers toutes les tavernes, avait absorbé des mélanges inconnus en province et soupé d'une omelette à l'éther. Aussi avait-il le cœur horriblement brouillé, les yeux troubles et la langue pâteuse.

Georges, qui s'était échappé avant l'aube pour attendre ses témoins sur la route, vint, en leur compagnie, s'offrir courtoisement à conduire lui-même son adversaire au lieu tout proche du combat.

Enfin, après les formalités d'usage :

— Etes-vous prêts, Messieurs?

— Non ! — répondit Jack-Antonio Pié d'un ton péremptoire.

En effet, devant le soleil, un nuage passait qui aurait pu gêner les photographes. Mais dès que le ciel eut reconquis son bel éclat limpide et matinal :

— Je suis prêt, — déclara Jack-Antonio.

— Allez, Messieurs !

Et deux coups de feu retentirent. Georges se rappela, par la suite, avoir visé avec beaucoup de soin, au-dessus de la tête de son adversaire, un nid de pie qui, dans un arbre un peu dégarni, ressemblait à un noyau au milieu d'un fruit translucide. Il le manqua, du reste, mais il n'eut pas le temps de s'irriter de sa maladresse. Des cris perçants venaient de retentir dans la direction du château. Et, soudain, dévalant la pente, la seconde Mme de Berberolles apparut et se jeta entre les combattants, pareille aux Sabines de David, et du reste, à peine plus vêtue qu'elles. Sa honte fut réelle quand, de divers buissons et rideaux d'arbres qui les masquaient, sortirent, en même temps que les témoins, les journalistes, les photographes, les médecins et le masseur-pédicure, quelques Agenais et Castelmaurois tout fiers d'avoir assisté à un événement si parisien. Dans le même ordre d'idées, ils n'avaient encore vu qu'un aéroplane.

— Un duel ! — s'écriait la seconde Mme de Berberolles sur les épaules de qui l'ancien adjudant venait de placer galamment sa pèlerine, — un duel, ah ! j'en suis toute retournée. Vous, Monsieur Pié ! Vous, Monsieur Cerdille !... deux jeunes et illustres poètes se sont battus chez moi ! Quelle gloire pour ma maison ! Je vous en prie, Messieurs les photographes, attendez au moins que j'aille faire un brin de toilette... Les vaillants adversaires vont se réconcilier et M. Pié voudra bien déjeuner chez nous.

Les adversaires se réconcilièrent, mais Jack-Antonio Pié ne déjeuna pas chez les Berberolles. Il se sentait décidément trop las et il remonta en hâte dans son automobile, au grand désappointement de son escorte... La seconde Mme de Berberolles, en rentrant au château, eut du moins la consolation d'y trouver un nouvel hôte inattendu : M. Cerdille qui, ayant le jour même reçu sa redingote et commençant à s'ennuyer dans Agen, se hâtait de venir assurer le bonheur de son fils avant de partir de nouveau vers l'amour et la joie.

Cécile l'avait reçu... Ils furent deux à faire des gorges-chaudes à propos de l'aventure de Georges que celui-ci se vit bien obligé de leur raconter ; mais le poète ne s'en vexa pas outre mesure : le bonheur enlève aux gens toute susceptibilité.

La seconde Mme de Berberolles parut enfin, après avoir fait, comme elle disait, un brin de toilette. Elle s'empressa de lancer diverses exclamations au sujet de l'événement de la matinée ; M. Cerdille pour y couper court, pria « les enfants » de sortir, puis exposa de but en blanc le motif véritable de sa venue.

— Non ! ce n'est pas possible, je rêve ! — s'écria son hôtesse avec un accent décuplé par l'émotion... — Un duel ! Des fiançailles !... Dans la même matinée ! Le duel de deux grands poètes chez moi ! Les fiançailles de notre Cécile avec un grand poète !... C'est plus que je n'en demandais !... Té ! Monsieur Cerdille, il faut que je vous embrasse !

En sorte que, pour ne pas prendre part à la joie générale, il n'y eut plus à cette heure-là, dans le château, que le pauvre M. de Berberolles, qui ne se doutait encore de rien, enfermé dans son cabinet, qui avait trente vers à mettre sur pieds avant midi, qui en était au vingt-neuvième, qui cherchait une rime pour le trentième, et qui ne la trouvait pas.

XV

LES AMIS

Un proverbe prétend que « ciels pommelés et femmes fardées ne sont pas de longue durée » ; il se trompe, parfois, comme tous les proverbes. Voici huit jours qu'un été de la Saint-Martin odieux, pluvieux et nuageux villégiature à Paris, en dépit de Mme de Jaserin qui a fait brûler bien des cierges pour que le soleil consentit à assister au mariage de sa fille. Et, d'autre part, dans la nef où va être célébrée la cérémonie, voici les mêmes douze ou quinze femmes fardées (si on les voyait séparément on dirait : la même) qui encombrent depuis trois ou quatre lustres les sacristies, aux jours de noce et d'enterrement. On parvient quelquefois à les éviter aux jours de baptême ; mais Torterel et Némorine ne semblent pas tenir à précipiter un tel événement, midi sonne, et l'on ne voit rien venir encore.

Les dames fardées ont accaparé Rambert, avec l'espoir que ce journaliste n'oubliera pas leurs noms dans son compte rendu. Le reporter-amateur n'est nullement venu pour cela ; il assiste au mariage en ami, mais, ne parvenant pas à se débarrasser de son instinct professionnel, il prête l'oreille à ces vains bavardages : c'est surtout aux journalistes qu'il arrive de trouver des perles dans du fumier.

— En vérité, on se moque du public !
— Patientez, mesdames, il en viendra au moins un sur les deux.
— Moi, j'arrive de chez Mme de Jaserin ; elle est partie ce matin à huit heures et, depuis, on est sans nouvelles... M. d'Ombrailles se désespère...
— Raisonnons : l'élection prochaine est dans huit jours : elle fait campagne pour Golembois !
— Qu'elle combattait l'an dernier, en faveur de Berberolles. Chacun son tour !
— Le jour du mariage de sa fille ! C'est un comble...
— Cela prouve un grand héroïsme, — dit Rambert, — car, en somme, le mariage de sa fille n'est que la répétition générale du sien propre.
— Propre? Monsieur Rambert, vos termes sont d'une impropriété !

Il s'esquive. Il aime la documentation pour elle-même, mais la médisance ne l'intéresse pas. Il va rejoindre un confrère au seuil et l'entraîne sur la place :

— Je suis persuadé qu'il y en a au moins pour une cigarette avant qu'ils arrivent... Tiens, c'est gentil, cette église. Tout à l'heure, le paysage vaudra un cliché.

Pour l'instant le paysage ressemble à un décor d'opéra-comique, avec cette église à droite, ces arbres à gauche... Les arbres, il est vrai, ombrageraient, — s'il existait en ce jour des feuilles et du soleil, — une horloge pneumatique ; mais l'absence du soleil et des feuilles n'empêche pas Jack-Antonio Pié, qui passe avec la marquise d'Egrotan, de s'écrier, assez fort pour être entendu des journalistes :

— Oh ! l'ombre des branches sur les heures, ces ombres !

On pourrait croire que c'est de lui qu'une troupe de midinettes, massée près des marches, rit de si bon cœur. N'exagérons rien : ces folles rient de tout et de tout le monde...

— Eh ! Berthe, zyeute donc ! Elle arrive trop tard, si c'est la mariée !

Une personne à ventre corpulent, de celles que saluent par principe les vieux généraux qui ont le respect de la maternité, gravit péniblement les marches... Pourquoi faut-il qu'il y ait dans tout mariage une dame enceinte, qui semble venir uniquement pour murmurer à la jeune épouse : « J'ai su m'y prendre... Voulez-vous des tuyaux? » Indifférente aux réflexions, souriante, sereine et poussive, la dame atteint les suprêmes degrés où, hallebardes en main, veillent deux suisses, de ceux qui ne protègent les rois ni de la mort, ni du mariage.

— Eh ! Berthe, voilà mon cousin. Ma tante va bien?

Elles s'adressent toutes à une certaine Berthe qui doit être particulièrement intelligente et avertie. Le cousin en question, un monsieur à monocle, déconcerté par l'accueil de ces demoiselles, butte contre le tapis et laisse tomber son carreau, qui se brise. Il met alors un lorgnon, et ce jeune homme qui avait l'air d'un officier de dragons en civil, reprend sa touche habituelle de professeur de latin. C'est renseignements pris, le plus illustre hongrois de notre époque.

— Eh ! Berthe : celui-là, qui s'est aboulé à bicyclette !

C'est un grand personnage blême, dépenaillé, au paletot constellé de taches de boue, le poète Laurent Lembouteillé, qui chante à tous les échos sa pauvreté, fréquente uniquement les personnes riches et généreuses, obtient chaque année deux ou trois prix littéraires, et achète du trois pour cent... Ces cousettes n'ont décidément le respect d'aucune école poétique !... Et voici encore Roumflah-Boum Pacha, l'ambassadeur de Turkestan, qui porte sur le bras son éternel manteau doublé de soie rose, — sa sortie de pal, — disait ce pauvre Torterel, quand il avait encore besoin de faire de l'esprit... Voici Nativitad Pataquez y Brazon, la fille de l'illustre anarchiste qui se découvre devant le roi, pour manifester son indépendance, celle qui bavarde avec tant de rage qu'on l'a surnommée la Hacienda... Voici l'académicien Mähl, dont le nom suscita tant de plaisanteries athéniennes, à propos de l'élection des femmes à l'Académie : pour attendre le lunch, il a pris des croissants dans sa poche, et pour attendre les croissants, il grignote des pralines qu'il introduit subrepticement dans son râtelier, en feignant une forte toux...

Et, soudain, un grand silence ; le cortège. Le silence ne dure pas. On entend à l'intérieur un orgue tonitruer un hymne intermédiaire entre *l'Internationale* et *la Marseillaise.*

*

Torterel songe, ou fait semblant de songer. Il se sent ému délicieusement, selon la formule, trouve cela idiot et s'en veut de trouver cela idiot. Il est étonné, presque gêné de ne pas souffrir de la tête, de l'estomac ou d'un rhume de cerveau : tous les maux qui l'accablent d'ordinaire dans les grandes cérémonies ont fait trêve... A peine un soupçon de rhumatisme à l'épaule, — oh ! un soupçon !... Et puis, d'ailleurs, le rhumatisme n'est-il pas un signe de mariage, quand il n'en est pas le motif?... Torterel pense aussi, par moments, à Némorine. Tout à l'heure, il a pu s'approcher d'elle et lui dire qu'il l'aimait ; il a énoncé cette vérité d'un air penaud, comme si ce n'était pas dans le programme.

— Eh bien, — a-t-elle répondu en riant — je prendrai mes dispositions pour cet événement imprévu.

La voici qui entre dans l'église très digne sans être maussade, solennelle et pourtant gracieuse ; mais elle ne semble plus essayer, comme à l'ordinaire, de prendre tous les cœurs aux rets de ses regards. C'est que Lisbeth Moltz lui a dit un peu plus tôt, avec beaucoup de conviction : « Surtout, ma chérie, laisse tes yeux cochons, comme tu dis, dans un tiroir ; tu les y reprendras après la messe. » Némorine a profité de cette leçon et de beaucoup d'autres, et joue à merveille, comme il advient à la plupart des jeunes filles, ce rôle d'un jour qu'elle a préparé depuis tant d'années. Quel naturel !... Un fonctionnaire du protocole est certainement plus guindé. De même que Torterel n'éprouve aucun des malaises qu'il redoutait, elle est maintenant à peu près sûre de vaincre les difficultés qu'elle affronte en cette circonstance : elle n'a pas le fou-rire, elle n'a pas besoin de se pincer, elle n'a pas envie de rougir, elle n'éprouve pas le désir de fredonner quand la maîtrise chante ; elle se met à genoux sans inconvénient pour ses jarretelles, se surprend à se souvenir de sa messe, de certaines prières, et à ne pas tenir son missel à l'envers.

Mais, à présent, qui attend-on?

Il était évident qu'on attendait quelqu'un, et des mots ou des regards interrogatifs s'échangeaient dans l'assistance... Enfin, un suisse fit son apparition, entraînant Mme de Jaserin vers le chœur. Elle eut tout de même le temps d'annoncer sur son passage.

— Il aura sûrement la voix de Séraphin Magistre...

Un peu plus loin, elle ajouta :

— Oh ! mais, dites donc... Quelle aventure ! Quels jeunes gens stupides !... A-t-on idée de se marier comme cela, sans crier gare?... Moi je n'en savais rien, et j'ai fait une de ces gaffes !...

— Vous dites ?

On parvint tout de même à l'arracher à ses interlocuteurs ahuris, pour l'installer à la place qui lui était due.

Et ce fut le moment décisif :

— Mademoiselle Marie de Jaserin, consentez-vous à prendre pour mari...

Car un prénom comme Némorine n'étant inscrit sur aucun calendrier, l'officiant s'était vu forcé d'en choisir un autre, plus canonique, parmi ceux que l'état civil de la mariée mettait à sa disposition.

Némorine dit : oui. Mais ce n'était pas un oui, — si l'on peut dire, — affirmatif, c'était le oui qui précède les phrases d'explications. Un profane aurait pu soupçonner que la personne interrogée allait énumérer tout ce qui lui plaisait ou lui déplaisait dans son complice... Il n'en fut rien. Le prêtre tourna vers le fiancé qui inclina brusquement la tête et prononça un oui revêche qui semblait signifier : « N'insistez pas, vous ne me ferez pas changer d'avis, je suis buté, j'épouse... »

Fatigués, ils se turent. Et on leur passa au doigt les alliances, tandis que quatre demoiselles et quatre garçons d'honneur se réunissaient au milieu du chœur, comme pour danser un lancier. Ils firent les visites sur l'air d'un *Sanctus* accéléré que dégorgeait Massenatore, de l'Opéra. Massenatore chantait son Gounod avec un accent effroyable, qui eût mieux convenu au plain-chant ; il avait probablement appris à prononcer le latin selon la méthode de la Nouvelle Sorbonne : il disait *Sanctous*, comme un docteur germanique, et *ameign*, comme un félibre marseillais...

— Ça se tire !... roucoula Némorine à l'oreille de son époux.

— Dommage !... Je commençais à m'y habituer, à la longue...

Ils avaient oublié le discours. Ils ne devaient plus l'oublier de leur vie.

Si l'église, malgré les vœux secrets de Mme de Jaserin, n'avait pu se transformer en basilique à l'occasion de ce mariage, le curé, du moins avait été remplacé par un évêque. Les évêques de France ayant fort à faire depuis la séparation, ayant surtout plus à maudire qu'à bénir, on avait usé d'un article d'importation. L'évêque de Singapour-Campagne, Mgr. Paphnuce, passa ses doigts bronzés dans sa barbe brune, caressa son front, aiguisa ses regards et entreprit un discours où l'on reconnut le disciple littéraire du Sâr Péladan, son illustre ami. Les mariés, entendirent ainsi beaucoup de phrases, qu'il leur semblait savoir d'avance par cœur. Torterel, en manière de passe-temps, essayait à la fin de chaque développement d'imaginer celui qui allait suivre ; et c'était très difficile, car le prélat avait résolu d'être non seulement spirituel, mais encore bien parisien, comme on dit à Singapour-Campagne.

Cependant, malgré les louables efforts de l'orateur, le malaise habituel aux mariages se faisait sentir ; il se manifestait même sans discrétion au delà des fauteuils de troisième rang. Mais aussi, bizarre spectacle que celui où les principaux personnages tournent perpétuellement le dos au public ! Antoine à ses débuts ne poussa jamais l'audace si loin... Et, déjà, de petits accès de toux nerveuse secouaient par moment les panaches des chapeaux féminins, des mains gantées passaient devant des visages pour étouffer un bavardage ou dissimuler un bâillement, des hommes tiraient à la dérobée leur montre d'une poche et l'y replaçaient sans l'avoir consultée, sachant bien que cela ne changeait rien à la situation et qu'ils avaient du temps devant eux pour recommencer ce manège... Au nombre de ces derniers était M. Cerdille qui, en qualité de témoin de Torterel se trouvait inexorablement condamné à être de la fête jusqu'au bout. Nono lui avait dit : « Oh ! tu devrais tout de même te défiler et venir déjeuner avec moi. Je serais si heureuse ! » Et comme il savait bien que sa gentille maîtresse serait en effet très heureuse, cet homme aimable sentait bouillonner dans son âme une impatience de Chérubin.

Ailleurs, des sourires d'intelligence s'échangeaient, des groupes s'organisaient à distance pour l'attente au seuil de la sacristie. Chacun avait l'air de se demander : « Qui est-ce qui fera le plus de succès à ma bonne histoire ?... Quels sont ceux qui me raconteront les meilleures histoires ?... » Emma Rombier, guidée par son flair ou forte de son habitude, s'était arrangée pour arriver en retard et s'était placée dans le fond, auprès de certains confrères de Torterel, qui, modestes, affectaient de n'être point venus exprès, de même que les croquemorts aux enterrements. Comme par hasard, elle avait retrouvé deux ou trois figures familières

Madame d'Egrotan à Veniss.

dans ce groupe et engagé aussitôt la conversation ; de la sorte, plus favorisée que les autres, elle prenait un acompte.

Grâce à elle, on en apprenait de jolies sur la famille de l'épousée !... La fortune du baron Friquet ? Oh ! cet homme qui n'avait été rien, pas même Académicien, n'avait pas cependant manqué d'esprit pratique : au lendemain de son mariage, il s'était éclipsé en proclamant héroïquement : « La science avant tout ! » sous prétexte d'aller étudier des inscriptions hiéroglyphiques dans la vallée moyenne du Nil. En réalité, ce faisant, il n'avait eu d'autre souci que celui de confier sa jeune femme à un vieil oncle libidineux et plusieurs fois millionnaire qui lui avait été reconnaissant de son geste en l'instituant son légataire universel.

— Comment, — ajoutait Emma Rombier, — vous ignoriez cela? Mais ce fut la fable de tout Paris !... Et le baron Friquet poussa le cynisme jusqu'à supporter dans son salon, sa vie durant, une immense et mauvaise toile de je ne sais qui intitulée : *La Fuite en Egypte.*

— Cette vieille dame, c'est bien la mère de Torterel?

— De Torterel?... Ah ! ah ! Il se dit orphelin, mais, c'est un enfant trouvé. Quant à Mme de Jaserin...

La gentilhommière des Berberolles.

Au fait, plutôt que de penser à certains détails qu'elle connaissait sur cette personne, Emma Rombier, poétesse, eût préféré, — affirmait-elle, — lire en entier, quitte à se boucher le nez, un roman de Zola. Mais Emma ne se bouchait pas le nez et ne gardait pas closes ses lèvres. Alors son mari s'approcha d'elle, triste, veule, déformé, comme les plus rares de sa collection de boîtes d'allumettes ; il tenait au bout de sa canne un chapeau de soie qui, même dans cette situation, n'arrivait pas au niveau du panache principal de sa femme.

— Voyons, Emma...

— Je vois, mon cher. Voir et savoir voir, c'est ma qualité.

Ainsi, devant un confessionnal elle confessait tout ce qu'elle savait des époux et de leurs proches. Elle le faisait avec méthode et suivait l'ordre des commandements, en commençant comme on l'a vu, par celui qui concerne la famille. Elle alla jusqu'au bout, puis aborda le chapitre des péchés capitaux ; déjà elle en était à la luxure et certes, elle n'avait point perdu son temps en route, quand la messe prit fin. Un remous de la foule impatiente l'entraîna ainsi que son mari jusqu'aux portes de la sacristie ; elle se trouva de la sorte en tête du défilé ; elle n'avait plus d'auditeurs ; sa confession était terminée ; il ne lui restait plus qu'à se précipiter au cou de Mme de Jaserin, à frotter sa joue contre la joue de Némorine, à secouer des deux mains une main de Torterel, à murmurer sur un ton extatique : « Que je suis heureuse ! Quel adorable mariage ! » — bref, à donner l'absolution...

**

C'est la fin : l'hôtel de Mme de Jaserin, après le lunch, se vide rapidement, beaucoup de gens ayant hâte d'aller déjeuner ou goûter. M. Cerdille s'est éclipsé de bonne heure, presque en même temps que les nouveaux époux. Ceux-ci doivent, officiellement, partir le soir même pour le Caire, mais ils se sont juré en secret de s'arrêter huit jours à Fontainebleau. C'est là qu'ils ont, voici bientôt deux ans, parlé pour la première fois de fiançailles ; et nul endroit ne leur permettra, à leur avis, de comprendre s'ils ont agi sagement, en donnant suite à leur projet ou, pour parler comme eux, en réalisant leur rêve. Et il leur tarde d'être fixés : ils ont bien raison.

— Commence-t-il ? Finit-il ? — disent certains confrères de Torterel qui s'attardent au buffet comme ils l'ont fait la veille et le feront tout à l'heure dans leur café de prédilection.

Et les commentaires vont leur train :

— Il m'a dit que sa pièce serait jouée au retour de son voyage de noce.

— Ce sera un four, bien entendu.

— Qui sait? Il est riche, à présent ; il pourra se faire fabriquer des articles de première qualité.

— Bah ! il doit se soucier assez peu de cela, lui qui disait : « Je suis un type dans le genre de Maupassant, je ne travaille que pour la galette. » Il ne fera plus rien, vous verrez !

— C'est probable. Si j'étais sûr que ce fût

sais, je proclamerais, par amitié pour lui, que c'est dommage, et qu'il avait du talent. Enfin, ceci, nous le lui dirons le jour où nous serons ses hôtes.

— Vous êtes rosses... Moi, ce n'est pas ça qui m'intéresse ; je fréquenterai sûrement chez lui parce que Némorine est jolie et qu'il y a des chances pour que...

— Chut ! voici son ami Fabiac, avec Rambert, là-bas...

Le ton de la conversation baisse :

— Qu'est-ce qu'il fiche ici, Fabiac, à cette heure ?

— Et nous ?

— Le champagne est acceptable.

— Lui, il attend Frigga. Elle ne pouvait venir au fort de la fête, vous comprenez, à cause de son récent veuvage.

— C'est vrai ! Le prince Ali-Baba Papagus, accusé d'avoir comploté contre le Shah, son suzerain, vient d'être proprement empalé, au cours d'un voyage qui l'avait, par hasard, amené dans sa patrie. La situation financière de l'empire était déplorable ; le prince était riche... Alors, vous comprenez.

— Depuis, la pauvre Frigga promène son deuil à grand fracas dans tout Paris, notamment chez les photographes, et chante à tous les reporters les louanges du mort, — de son grand empalé, comme elle dit ; — elle fait cela toute la journée et couche avec Fabiac toutes les nuits.

— Fabiac l'épousera ; ma foi ! elle est belle, blonde, jeune...

— Et puis, le capital des cent mille francs de rentes que lui a assurés feu Ali-Baba est placé en sûreté, dans une banque anglaise. Fabiac épousera Frigga certainement.

— Encore un qui n'écrira plus. Il avait du talent ; c'est dommage !...

Cependant, au fond d'un salon où les fleurs envoyées en masse commencent à prendre des airs de vieilles filles qui désespèrent d'être cueillies, Mᵐᵉ de Berberolles, dont le mari est parti depuis longtemps pour finir un poème, s'éternise auprès de Mᵐᵉ de Jaserin, sur le même canapé. Il n'y a plus autour d'elles qu'une vieille dame sourde et Mᵐᵉ Rombier, qui sent que le moment est là d'en apprendre une bien bonne et qui rit ineffablement, les oreilles aux aguets.

— Pauvre chère amie, — s'exclame soudain Mᵐᵉ de Jaserin en s'apercevant par hasard de la présence de Mᵐᵉ de Berberolles. — ah ! que je vous plains ! Je le disais ce matin à tout le monde, même à l'église !... Quels jeunes gens stupides !... Quel mariage insensé !... Quand je pense que vous aviez déjà tout préparé pour qu'il fût célébré dignement à Paris ; que votre illustre époux avait commencé un épithalame en l'honneur de sa fille et de son gendre... Oui ! ma petite Emma, M. de Berberolles avait commencé un épithalame, et c'était un sociétaire de la Comédie-Française qui devait le réciter aux jeunes époux... Eh bien, ni Cécile ni Georges Cerdille n'ont voulu entendre parler de cela ! Et ils se sont mariés sans tambour ni trompette, à Castelmaur... Il n'y avait que quelques amis et les témoins ; Torterel et Dariol m'ont raconté cela. Quelle horreur !... Pauvre chère amie !

— Ah ! ce n'était que le commencement de mon calvaire, — dit la pauvre chère amie en se levant. Ecoutez Madame Rombier, écoutez !

Alors, tandis que la vieille dame sourde affecte de s'intéresser passionnément à la conversation et que Mᵐᵉ de Jaserin va parler affaires — sans doute, — avec M. d'Ombrailles, dont c'est l'heure, l'épouse infortunée de l'Elégiaque poursuit la narration de son Chemin de Croix, avec des mots de vinaigre et de fiel :

— Oui, Madame Rombier, ce Georges Cerdille qui m'avait juré, lors de ses fiançailles, de tout faire pour mettre au plus tôt sa gloire au niveau de celle de son beau-père, cet enfant que j'aimais, que j'espérais voir, dans une quinzaine d'années au plus, assis près de M. de Berberolles dans le Temple qui est au bout du Pont des Arts — ah ! j'aurai pu, alors, assister aux cérémonies académiques, il me semble, comme à de véritables fêtes de famille ! — eh bien, il s'est joué de nous ! Il ne veut plus écrire de vers et affirme n'en avoir jamais écrit un seul sans le secours d'un ami... Ma dinde de belle-fille et lui passent leur temps à s'embrasser presque indécemment, même devant moi ; ou bien ils pêchent à la ligne dans l'étang, goûtent chez les métayers, dévorent les grands chemins en auto. Et, quand ils ont vu revenir la saison parisienne, ils ont filé en Algérie ! Ils sont idiots et odieux. Je ne comprends pas que Torterel et Némorine aient excusé leur absence en ce jour ! Moi, avant de quitter Castelmaur, j'ai voulu avoir une explication avec ce triste monsieur. J'ai fait mon devoir. Je lui ai dit : « Votre place est à Paris ; vous avez une revue à diriger. » Il a haussé les épaules : « Ma revue ? Elle peut crever. » Textuel. J'ai insisté : « Et votre pièce ? » Il m'a répondu : « Ma pièce ? Je m'en fous ! » Je lui ai fait remarquer l'inconvenance qu'il y avait dans son cas à parler de la sorte, non point pour moi qui, en somme, ne suis pas même sa belle-mère, mais pour les Muses, dont il a été le nourrisson. Alors, il m'a envoyé en pleine figure : « Les Muses ? Je les... » Je ne peux même pas, Mᵐᵉ Rombier, répéter ce qu'il m'a envoyé en pleine figure !... Oui ! Il en est là, il a grossièrement insulté les Muses ; il a blasphémé !...

Le seconde Mme de Berberolles a prononcé si haut la fin de sa tirade que les oreilles de Fabiac et de Rambert en sont frappées.

— Hein? c'est simplement sublime, — dit Fabiac, — cette phrase ! Il a insulté les Muses !... Les Muses !... Ma foi, avec toutes les comédies dont j'ai été ces temps-ci, en ces lieux, le spectateur et même parfois l'acteur, il y aurait un bouquin à fabriquer... Que penseriez-vous d'un titre comme : l'Amour des Muses... Non ! l'amour, c'est un mot trop important. Les nobles Déités sont adorées si bêtement, si petitement, dans les salons où c'est la mode d'attirer les gens de lettres ! L'amour, non : le béguin... *Le Béguin des Muses*, roman contemporain...

— C'est une idée, — répond Rambert avec calme ; — tout est une idée, comme disent ceux des philosophes qui n'en ont jamais aucune... Allez-y, mon vieux ! Et puisse ce livre, tout en vous faisant chérir des femmes à l'égal d'un couturier, vous donner un succès de romancier comme seules, de nos jours, en connaissent les couturières.

Hossegor-Paris, 1910-11.

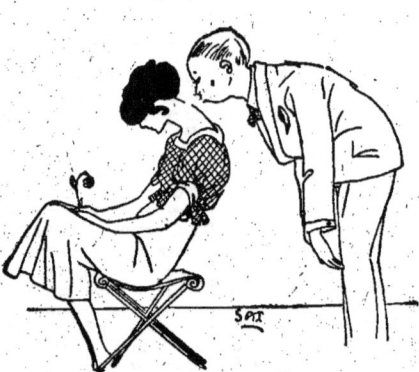

FIN

IMPRIMERIE CRÉTÉ
CORBEIL (S.-ET-O.).

IMPRIMERIE CRÉTÉ
CORBEIL (S.-ET-O.)

www.ingramcontent.com/pod-product-compliance
Lightning Source LLC
LaVergne TN
LVHW020950090426
835512LV00009B/1817